徐志摩與劍橋大學

劉洪濤 著

徐志摩與劍橋大學

　　徐志摩與劍橋的關係是一個常說常新的話題。知道徐志摩，讀過〈再別康橋〉的中國學子、遊客來劍橋，或離開劍橋時，都會口中吟著「輕輕的我走了，正如我輕輕的來」的詩句，沿著河岸走一回。徐志摩的〈再別康橋〉似乎成了劍橋中國學子、遊客抒發對劍橋感情的最佳方式，他那「我揮一揮衣袖，不帶走一片雲彩」的姿勢，也將一個瞬間變成了永恆。

　　2004年9月至2005年9月，我有機會在劍橋大學作了一年訪問學者。我也是在這種心情中度過了來劍橋後的第一個星期，也以同樣的心情最後向劍橋道別。但因為所學專業，我對徐志摩與劍橋大學的關係關注得多了一些。我想更深入地瞭解是劍橋以何種魅力如此深地吸引徐志摩？為何劍橋能夠把徐志摩培養成詩人？徐志摩和哪些英國作家學者有過交往？細節如何？等等。儘管我到劍橋的初衷是研究英國文學，但從到劍橋的第一天起，我也同時開始在徐志摩身上用心。徐志摩的〈我所知道的康橋〉是我最初的旅行指南，我一一到實地去印證文中提到的地方。記得一開始我找不到果園和拜倫潭在哪裡，問了幾個人，仍一頭霧水。有一天在劍橋大

學的網頁上閒逛，發現劍橋植物園有一個諮詢信箱，就冒昧地寫信去問。結果，植物園教育部門的負責人Joanna Crosby博士回了一封熱情洋溢的信，還寄來了一份線路圖。我按圖索驥，終於找到了所在。以後，劍河上游的這兩處風景就成了我的至愛。春夏秋冬，我自己多次去過那裡，也帶家人、朋友踏訪過。不同季節有不同季節的妙處，值得細細去玩味。

徐志摩〈再別康橋〉一詩中有一句「軟泥上的青荇，/油油的在水底招搖」，這是讀者再熟悉不過的。到劍橋後，我就想看看青荇是如何在水底招搖的。我是北方人，不認識什麼青荇，於是找到植物圖志看，這一看不當緊，竟使我生出了疑惑：徐志摩寫的真是青荇嗎？青荇怎麼會把根紮在軟泥裡！劍河裡長在水底軟泥上的水草很多，的確是「油油的在水底招搖」，那又是什麼水草？隨後又翻書查詢，才知道是另一種水生植物─菰。我對〈再別康橋〉中的幾個重要意象一下子都產生了懷疑，結果發現了更多的問題。也正是對這些問題的索解，促成了我對〈再別康橋〉的全新解讀。

發現徐志摩致奧格頓的六封英文書信帶有很大的偶然性。最初我只是覺得梁錫華先生把徐志摩的英文書信翻譯得過於老到，就想找原信來對一對。梁錫華先生在《徐志摩英文書信集》一書中沒有提供原信的出處，我也不知道他的聯繫地址，無法向他請教。幸好這時我查找到了英國國家檔案館的位址，寫信去問羅素的有關檔案，結果得到一大堆收藏有羅素檔案的機構名單。當時我也沒有更好的辦法，就一家家寫信去問，終於找到了加拿大麥馬士德大學圖書館的羅素檔案館。當我詢問徐志摩致羅素的信的情況時，檔案館的Kathleen Garay

博士不僅慨然答應，而且說他們那裡還收藏有徐志摩給奧格頓的一些信，問我要不要。我一聽大喜過望，因為所有徐志摩的全集或書信集都沒有收過這些信。我又查了美國學者派特里西亞・勞倫斯（Patricia Laurence）剛剛出版的《麗莉的中國眼睛》一書，此書以大量披露蕭乾、凌叔華與英國作家學者的未刊手稿、書信著稱，對徐志摩也有較詳細的論述。結果發現她也不知道這些信。記得我與Kathleen Garay博士最初取得聯繫是在2005年1月12日。在隨後的日子裡，我對這些書信的原稿進行辨認，翻譯，考證，花費了大量心血，終於建立起我的徐志摩研究的核心證據，進而奠定了寫作本書的基礎。類似的經歷和收穫還有很多，它們一點點積攢起來，逐漸加深了我對徐志摩的認識。

上個世紀一、二〇年代是劍橋歷史上的黃金時代，以三一學院、王家學院等學院為代表的劍橋大學造就了一大批傑出的人文學者。他們中的許多人屬於英國上層知識份子團體布盧姆斯伯里集團的成員，是英國現代主義運動的積極倡導者和推動者。徐志摩與他們中的核心成員都有密切交往。徐志摩與當時英國漢學界的代表人物卞因、翟理斯、魏雷等人有深厚的友誼，與作家威爾斯交情甚篤，拜訪過哈代、曼斯費爾德。可以毫不誇張地說，徐志摩全方位地介入到了英國當時的思想文化運動潮流中。以往學界談論徐志摩與英國文學的關係時，往往強調浪漫主義對他的影響。這種影響當然很重要，但徐志摩親歷的現代英國文學、文化、思想經驗，對他的影響可能更大。而且，他把這種關係也帶到了中國，極大地促進了中、英現代文學文化的交流。限於本書篇幅和範圍，我沒有對這些問題展開論述，留下了一些

遺憾，我希望今後有機會彌補這些遺憾。

　　在寫作此書的過程中，不少老朋友、新相識都給了我無私的幫助。加拿大麥馬士德大學圖書館的Kenneth Blackwell博士、Kathleen Garay博士，劍橋大學王家學院的Patricia McGuire博士，劍橋大學圖書館中國部的Charles Aylmer博士，美國漢學家金介甫（Jeffrey Kinkley）教授，台灣學者賴玲華博士，在我尋找、查證資料時，都給予過我大量的幫助。王文華博士在我翻譯徐志摩的英文書信時，提供過許多寶貴的意見。韓石山先生、張永和博士、王文華博士、楊曉博士、張瑞卿博士提供了不少照片供我選用。他們的大力支持，令我非常感動。我願意在此向他們表達我由衷的感謝。我也希望借此機會，向劍橋大學英語系一年中給予我的學業指導和支持表示感謝。本書的編輯蔡登山先生為書稿費心頗多，也謝謝他。

目錄

第一章

徐志摩留學劍橋的前因後果、來龍去脈

留學劍橋，對中國現代著名詩人徐志摩（1896～1931）走上文學道路起到了至關重要的作用，是他短暫生命中關鍵的一段路程。正如徐志摩在《猛虎集·序》中寫的：「整十年前我吹著了一陣奇異的風，也許照著了什麼奇異的月色，從此起我的思想就傾向於分行的抒寫，一份深刻的憂鬱佔定了我；這憂鬱，我信，竟於漸漸的潛化了我的氣質。」徐志摩承認，自己走上文學道路，是由於十年前心田中吹進了「一陣奇異的風」，照見了「奇異的月光」。我們都知道他指的是劍橋大學（The University of Cambridge）。他在〈吸煙與文化（牛津）〉說得更加直白，也更加動情：「我的眼是康橋教我睜的，我的求知慾是康橋給我撥動的，我的自我的意識是康橋給我胚胎的。」

劍橋對徐志摩如此重要，可是我們的研究者對徐志摩留學劍橋的來龍去脈，在劍橋的具體居所與行蹤，在劍橋的學習、交遊、

美國克拉克大學時期的徐志摩

倫敦政治經濟學院

創作，卻所知甚少；對劍橋學者對徐志摩的評價，更無從瞭解，這不能不說是一個很大的遺憾。筆者2004年9月至2005年9月間，在劍橋大學遊學一年，搜集到一批與徐志摩有關的資料，現將這些資料加以整理研究，來把這一段空白彌補起來。

眾所周知，徐志摩來英國前，先在美國留學。1919年他從麻塞諸塞州克拉克大學（Clark University）歷史系本科畢業，隨後入哥倫比亞大學（Columbia University）經濟系攻讀碩士學位。1920年9月24日，獲得碩士學位的徐志摩啟程前往英國。到英國後，徐志摩先是就讀於倫敦經濟學院（London School of Economic，簡稱LSE）。1921年春，經英國著名學者狄更生介紹，入劍橋大學最著名、血統最高貴的學院之一，由國王亨利六世（Henry VI）創建於1441年的王家學院（King's College）作特別生（Research student）。用徐志摩的話說，就是「從此黑方巾、黑披袍的風光也被我佔

王家學院正門

著了。」1922年8月17日，徐志摩離開劍橋大學到倫敦，11月返國。算起來，這一次他在劍橋的時間約一年半。徐志摩於1925年3月～7月到歐洲訪問，其間來過劍橋一次，時間約在7月上旬。1928年8月，徐志摩又到歐洲訪問，其間來劍橋小住過。如果有人問你徐志摩到過劍橋幾次，說三次是對的。當然，只有第一次他真正體驗到劍橋的生活，後兩次時間太短，只是順道訪問。

劍橋大學學生參加畢業典禮

徐志摩在〈我所知道的康橋〉中
說，他碩士畢業後本可以留在美國繼續
攻讀博士。那麼他為何放棄美國大學的
博士帽來到英國呢？他在同一篇散文
中說是為了追隨羅素（Bertrand Arthur
William Russell, 1872～1970）：「我
到英國是為要從盧梭（即羅素——筆者
注）。盧梭來中國時，我已經在美國。
他那不確的死耗傳到的時候，我真的出
眼淚不夠，還做悼詩來了。他沒有死，
我自然高興。我擺脫了哥倫比亞大學
博士銜的引誘，買票漂過大西洋，想跟
這位二十世紀的福祿泰爾認真念一點書
去。」

在20年代，羅素作為哲學家、思
想家、社會活動家的名聲早已經確立。
徐志摩無論在克拉克大學還是在哥倫比
亞大學，都熱衷於選修政治學、哲學、
社會學、經濟學、勞工問題、歐洲現代
歷史等方面的課程，對羅素一定是熟
悉而且敬仰的。但徐志摩來歐洲前，
與羅素並不相識，也沒有直接聯繫。千
里迢迢跨海到英國師從一位沒有事先約

羅素

定的導師，這不符合常理。此外，他自己的陳述也露出了破綻。徐志摩寫於1926年的〈我所知道的康橋〉忽略了這樣一個重要的事實：羅素是在1920年夏天接受中國的講學邀請，於當年9月動身前往中國；而與此同時，徐志摩來到英國。因此，徐志摩不可能在美國聽到羅素的噩耗並寫詩悼念。羅素1921年3月在中國染上重病，日本記者誤報死亡，這在當時是一個大新聞，所以徐志摩在英國當然會知道這個消息。徐志摩是在劍橋開始詩歌創作的，「做悼念詩」也符合在劍橋時的情境。

徐志摩在〈我所知道的康橋〉一文繼續說：「誰知一到英國才知道事情變樣了：一為他在戰時主張和平，二為離婚，盧梭叫康橋除名了。他原來是Trinity College的fellow，這來他的fellowship也給取消了。他回英國後就在倫敦住下，夫妻兩人賣文章過日子。」這段被國內學人廣泛引用，用來說明徐志摩與羅素關係的文字，其實有關羅素的若干細節並不完全確實。羅素1889年進入劍橋大學三一學院學習數學，1893年，羅素通過學位考試，同年得到三一學院院士的職位。1915年5月，三一學院又與羅素續簽了5年的聘任合約。如果沒有第一次世界大戰，羅素或許就這樣在劍橋的書齋中平靜地度過他哲學家的一生。但戰爭改變了羅素的思想和人生的方向，使他成為一個積極反戰的和平主義者，政治鼓動者和社會活動家。羅素被劍橋大學三一學院除名之事，發生在1916年。當時英國政府擔心缺乏兵員，通過「軍事服務法案」，要求所有18歲到41歲的單身男子必須服強制兵役。羅素對此極力反對，結果被法庭控以妨礙徵募罪，罰款100英鎊。三一學院懾於壓力，在當年的7月解雇了羅素。這是徐志摩所說羅素被三一

學院「除名」之事的原委。至於徐志摩所説的另一個原因——羅素的離婚，應該與他被除名沒有直接聯繫。羅素與第一任妻子Alys Whitall（1867～1951）的關係很早就亮起了紅燈。戰爭期間，羅素認識了他的第二任妻子朵拉（Dora Black，1894～1986）。當時朵拉還只是一個二十五歲的劍橋本科生。戰爭結束後的1919年，羅素與朵拉已經同居。而就在這一年11月，劍橋大學三一學院決定恢復他的講席。羅素沒有當即拒絕，但此時他忙於學術旅行，並沒有到任。1920年春，羅素訪問俄羅斯。從俄羅斯返回英國後，中國一些學術團體又聯合邀請他進行為期一年的講學。羅素當即接受，他給劍橋三一學院寫信，要求在履行自己的職務前，先請一年假。1920年10月上旬，羅素到達中國講學，1921年7月離開中國，到日本，又經加拿大，最後回到英國。羅素這時乾脆辭去了在三一學院的講席。也就是説，羅素這一次離開劍橋，是自願的選擇，非「被除名」。

顯而易見，徐志摩來英國是為了師從羅素的説辭，經不住推敲。那麼，徐志摩到英國的真正初衷是什麼？與徐志摩自己説法不同的另一種意見，是徐志摩與金岳霖、張奚若在紐約聽到政治學家拉斯基（Harold Joseph Laski，1893～1950）的演講後，大為傾倒，三人連袂來到英國師從拉斯基。[註1] 這一説法的可靠之處在於徐志摩這一時期的行蹤與拉斯基有重疊之處。拉斯基1916年開始在哈佛大學（Harvard University）任教。1919年，他因為對波士頓員警罷工持同情態度，被校方警告，前程受到影響。1920年他接受倫敦經濟學院的講席，離開美國回到英國，這與徐志摩到達英國幾乎是同一時間。徐志摩從美國到歐洲後，即刻給父母寫信稱：「九月二十四日離美，七

日後到巴黎小住,即去倫敦上學。」看來,他起初並沒有到劍橋師從羅素的意思。他到倫敦後進倫敦經濟學院就讀,這也是一個合理的解釋。事實上,徐志摩進倫敦經濟學院後準備跟隨拉斯基攻讀博士學位,專業是政治學和社會學,他雄心勃勃,一口氣註冊了六門課程。但不久,徐志摩就對攻讀博士失去了興趣,開始蹺課。校方找導師拉斯基要人,拉斯基寫了一封短簡云:「我倒是不時見他的,卻與讀書事無關。」註2 由這封短簡可以看出,拉斯基對徐志摩是不滿意的,師生之間想必還為此發生過齟齬。徐志摩追憶這段經歷時,有意回避扯到拉斯基,也在情理之中。

　　徐志摩在倫敦經濟學院呆了半年,就轉到劍橋大學。對此他的解釋與拉斯基的説法一致:在倫敦經濟學院這半年時間是「混」的。這令他「煩悶」,所以才轉學。徐志摩的「煩悶」是因為對導師拉斯基和學校感到失望嗎?顯然不是。1920年11月26日從倫敦寫給父母的信中説:「兒自到倫敦以來,頓覺性靈益發開展,求學興味益深」。可見他從師從拉斯基的學習還是很有收穫的。由費邊社成員創辦的倫敦經濟學院是英國社會主義運動的大本營,在二〇年代,其社會和學術影響都處在上升時期;拉斯基在倫敦經濟學院時期的事業可以説如日中天,他是工黨領袖、政治哲學家、政治活動家,同時還是一位出色的教師,講課極其叫座,教室裏總是擠得水泄不通。徐志摩在美國就是學政治學,這樣一位出色的導師是沒有理由拒絕的。事實上,徐志摩剛開始師從拉斯基時,還是追隨左右,必恭必敬的。在工黨領袖麥克唐諾爾(James Ramsay MacDonald)競選倫敦某區議員時,徐志摩曾與拉斯基的夫人為麥克唐諾爾挨家挨戶拉選票。徐志摩説他們

至少敲了二百多家的門。雖然大多數人早已定見在胸，但對他們仍然很客氣。只有極個別人聽說他們替工黨張羅，立即把臉沉了下來，給他們吃了閉門羹。更有一個爛眼睛的婦人，見到徐志摩的東方面孔，誤以為是日本人，就對鄰居說，怪不得人家說麥克唐諾爾是賣國賊，這不是他在利用日本鬼子替他拉選票嗎？徐志摩把這一次經歷形容為「極有趣味的經驗」。可見徐志摩當時還是誠心想跟隨拉斯基學習的。

徐志摩的「煩悶」另有原因，是他在倫敦期間愛上了林徽音。林徽音當時隨其父親，前北洋政府司法總長林長民在倫敦居住，16歲的她風華正茂，光彩照人，深深地打動了徐志摩的心。在徐志摩苦苦追求下，林徽音有了與徐志摩談論婚嫁之意。林長民看來也並沒有反對，只是要求徐志摩必先與夫人張幼儀離婚始可。離婚對徐志摩可不是一件容易的事。他與張幼儀的婚姻是父母之命，媒妁之言；張家是世家，有多人在政界、金融界身居要職，絕不是好欺負的；而恰在此時，張幼儀又來英國與徐志摩團聚。徐志摩要想把各方面關係擺平，把林徽音追到手，有許多障礙需要克服，感到「煩悶」是情理中事。就在這時，徐志摩在倫敦認識的狄更生「看出我的煩悶，勸我到康橋去」。於是，徐志摩在1921年初春到了劍橋。

到劍橋後頭半年，徐志摩仍然沒有擺脫煩悶，這才有他在莎士頓對張幼儀的「虐待」和逼迫。對於一個萬里迢迢來投奔他，一個英語字母都不認識的弱女子而言，這是很殘酷的。張幼儀在回憶錄《小腳與西裝》（*Bound Feet and Western Dress*）一書中對這段經歷有較詳細的敘述。直到1921年夏天，徐志摩把張幼儀送到德國她哥哥張

徐志摩與張幼儀1921年在歐洲合影

林長民與林徽音父女在倫敦

君勘處，獨自回到劍橋，「煩悶」方才離他而去。

徐志摩在劍橋共呆了一年半時間，1922年秋天回國。從學業角度看，徐志摩在劍橋還沒有做出什麼成就，既沒有寫出一篇像樣的學位論文，更沒有拿到學位。作為一個特別生，徐志摩也可以繼續留在劍橋，但他卻選擇了回國，為什麼？只有一個解釋：追求林徽音。徐志摩1922年3月與張幼儀正式離了婚。9月，他興沖沖回到中國，準備「輕裝上陣」，卻發現林徽音的心已經另有所屬。1923年一年以及1924年上半年，是徐志摩回國後文學事業大發展的時期，也是他鍥而不捨追求林徽音的階段。1924

16歲時的林徽音

林徽音1920年在倫敦

9

徐志摩與陸小曼

1924年張幼儀在德國

陸小曼

徐志摩給張幼儀的信

年2月11日，徐志摩給英國友人奧格頓寫信說：「丘比特的箭或許永遠地拒絕了我的光臨，這是我思想麻木、精神空虛的原因。」我們知道林徽音這時拒絕了徐志摩的求婚，轉而與梁思成訂婚。1924年，徐志摩與陸小曼相識，旋即陷入熱戀之中。1926年10月，徐志摩與陸小曼結婚，他的感情生活才逐漸穩定下來。

所以說，徐志摩是因愛情而來劍橋，又因愛情而離開劍橋。徐志摩說：「我這一生的周折，大都尋得出感情的線索。」這句名言在這裏得到很好的印證。徐志摩到劍橋大學學習，主要是為了擺脫「煩悶」，目的

並不崇高，但劍橋大學「一不小心」
把徐志摩造就成一代著名詩人。

徐志摩像

註1：趙毅衡著：《倫敦浪了起來》，人民文學出版社2002年版185頁。

註2：轉引自梁錫華《徐志摩新傳》，臺北：聯經出版事業公司2000年第二
版9頁。

第二章

徐志摩在劍橋的居所與遊蹤

徐志摩到劍橋後在哪些地方落過腳？這是一個饒有趣味的問題。我2004年9月一到劍橋，就想把這個問題弄個水落石出。

徐志摩自己說他頭半年住在劍橋的莎士頓（Sawston），這是劍橋以南六英里的一個小鎮，在劍河的上游，屬於劍橋市管轄的範圍。在劍橋住過一段時間的朋友都知道，那是劍橋的富人區，以風景優美、生活悠閒恬靜著稱。在莎士頓又住在哪里？徐志摩沒有說。但他1921年夏天給英國朋友奧格頓寫過兩封信，發信地址是莎士頓的「王子居」（Prince's Cottage），這可能就是他在那裏的住所了。徐志摩的妻子張幼儀在回憶錄《小腳與西裝》中描述過這處住所。它是一個獨立的房子（House），似乎條件並不太好。徐志摩為了節省房費，還把其中一個小房間轉租給一個叫郭虞裳的中國人。在劍橋期間，我曾試圖找到這處住宅，但多方搜尋，沒有結果，也許它早已不復存在，也許它變更了

莎士頓民居

莎士頓民居

名字吧。

對於在劍橋大學讀書的徐志摩來說，六英哩的距離實在是太長了。在劍橋讀書，租房最遠處，通常也應該在騎自行車25分鐘能夠到達的距離內。徐志摩租住那麼遠的房子，可能是為張幼儀同住時稍微寬敞舒適一些，而租金又便宜一點。但對讀書而言，那的確不是什麼方便的地方，徐志摩每天一早坐巴士或騎自行車到學校去，想必苦不堪言。他在〈我所知道的康橋〉中說：「這樣的生活過了一個春，但我在康橋還只是個陌生人誰都不認識，康橋的生活，可以說完全不曾嘗著，我知道的只是一個圖書館，幾個課室，和三兩個吃便宜飯的茶食舖子。」可以看出，徐志摩的抱怨是顯而易見的。只是在夏天徐志摩把張幼儀送到德國，他自己搬回劍橋校區後，「才有機會接近真正的康橋生活，同時我也慢慢的『發見』了康橋。」

在劍橋校區有三處確切的地址和徐志摩的活動有關。其一是王家學院裏的宿舍。徐志摩是王家學院的特別生，不一定有資格住王家學院的宿舍，但這棟建築多次出現在他的筆下。在〈我所知道的康橋〉中，徐志摩寫道：「假如你站在王家學院橋邊的那棵大椈樹下眺望，右側面，隔著一大方淺草坪，是我們的校友居（fellows building）」，它那「蒼白的石壁上春夏間滿綴著豔色的薔薇在和風中搖頭」。這棟三層高的灰白色建築坐西朝東，它的東邊是王家學院的庭院，正對著學院的正門，西邊是後花園，有一大方修剪得異常整齊的草坪，草坪之外就是劍河。那可真是一方風水寶地，王家學院歷史上許多名人，包括徐志摩在劍橋的老師狄更生都曾在那裏居住過，在劍橋留學的溫源寧也住在那裏。當年徐志摩經常到那裏去找老師、同學談學論道。

王家學院學生宿舍

　　第二處地址是王家學院廣場10號（10 King's Parade）徐志摩在給羅素的信中稱它「茶店子」（Tea Shop）。這個地方就在王家學院正門的對面，現在是一家賣藝術品的商店，地上三層，地下一層，房間不少，但單個房間的面積都不大。在徐志摩那個時代，它是劍橋著名的思想學術團體邪學社（Heretics Society）的總部所在。徐志摩經常到裏邊參與邪學社的活動。

　　第三處地址是維多利亞路55號（55 Victoria Road），徐志摩1922年2月3日給羅素的信，用的是這個位址。這是一棟兩層公寓樓，典型的維多利亞時代風格。我曾向地方當局詢問這條路，這棟房子建於何年何月，得到的答覆是路修於1844年，55號的房子建於1887年左右。至於是否徐志摩在此常住過，不得而知。

劍橋王家廣場十號

王家廣場十號

維多利亞路55號

　　徐志摩在劍橋期間，因為是「特別生」，沒有考試和學位的壓力，所以生活過得相當輕鬆。他把大量時間用在用在遊賞自然美景上，可以說足跡踏遍了整個劍橋。〈我所知道的劍橋〉是他在劍橋遊蹤的忠實紀錄，描述了他最心儀的風景和深切的感受。

　　劍河不是大江大河，中游以上，最寬處不過二三十米；深度平均也只有三、四米的樣子，光線好時，一眼能見到底。劍河的流向，大致是從南向北。這條河流發源於劍橋以南約十英里的莎士頓一帶，流經劍橋大學城、伊利（Ely），在金斯利（Kingsley）匯入北海。劍河

流經劍橋大學城這一段，徒步能夠到達的最遠的地方，是拜倫潭（Byron's Pool）一帶。去拜倫潭要經過一片古老的樹林，森森林木遮天蔽日，上面爬滿了槲寄生等藤蔓類植物。如果一個人從林中穿過，不經意間跳下一隻松鼠，或竄出一條獵狗，會嚇你一跳。走出樹林，眼前豁然開朗，拜倫潭出現在眼前。這裏是兩條小河的交匯處，一個小小水壩，擋出一個水塘。二百多年前著名的浪漫主義詩人拜倫常到這裏游泳，就給後人留下了這麼一個緬懷的信物。拜倫潭被低矮的灌木環繞著，極其靜謐，只有天鵝在水中嬉戲，鳥雀在枝頭吟唱，有時一整天都見不到一個人，大有世外桃源的境界。在這裏漫步沉思，想必是會靈思如泉湧的吧。

離開拜倫潭，沿河下行，橫穿一條鄉間公路，就到了格蘭騫斯德村（Granchester）的果園（The Orchard）。果園顧名思義是一片果樹林，建在一處略微傾斜的坡地上。園子不大，二十幾株果樹懶懶散散地伸

劍橋上游

拜倫潭的春天

拜倫潭秋色

果園

展著枝條，春天開花，秋天結果，籬笆下是團團灌木，雜亂地生長著，似乎從沒有人料理過。比起劍橋其他的去處，這裏實在算不上怎麼出色。它在劍橋歷史上赫赫有名，是因為許多名人光顧過它。在上個世紀一〇年代，一位劍橋詩人魯珀特·布魯克在此居住過，寫有關於果園的詩句。現在的果園裏，闢有詩人布魯克的博物館，還有一個告示牌，常年擺放在園子裏，顯示有哪些名人曾經光顧過這裏。那都是些非凡的人物：哲學家維特根斯坦、羅素，經濟學家凱恩斯、作家學者吳爾夫、福斯特、T. S. 艾略特等等，都是這裏的常客。當你漫步至此，能感到歷史與現實的輝映在你心頭所引起的震撼。徐志摩在〈我所知道的康橋〉中提到果園：「你可以躺在累累的桃李樹蔭下吃茶，花果會掉入你的茶杯，小雀子會到你桌子上來啄食，那真是另有一番天地。」徐志摩顯然是果園的常客，他是深解其中妙趣的。現在果園裏見到的只是果樹，花果很巧就掉到茶杯裏的事情我沒有碰到過，但掉

落到身上、桌子上的時候很多，鳥雀也是不怕人的。現在果園仍然是劍橋人的至愛，下午時分，天氣好時，果園的躺椅上總坐滿了人。人們來此感受與名人同在的自豪，也在果園隨意舒適的氛圍中喝杯茶或咖啡，放鬆一下神經。

格蘭騫斯德村是一個古老的小村落，安靜地躺在牧野中，幾百年歷史的房舍、教堂比比皆是。兩個有名的連鎖咖啡館紅獅（Red Lion）和綠人（Green Man）在村子裏開有分店，它們掩映在綠樹叢中，與村子古老的氣氛和諧一致。在此喝咖啡絕對是一種無上的感受。來客大都是熟人，都很悠閒，進門先和老闆夥計道一聲好，找一

果園

劍橋上游的房舍

劍河上游的房舍

張桌子坐下來，這一坐可能就是一個下午，或一個晚上。如果你不喜歡店裏的嘈雜，可以端著咖啡到後花園裏去，獨自對著落日，或望著天宇的繁星。想必徐志摩也曾來此小酌吧。

離開格蘭騫斯德村，穿過幾片牧場，就回到了劍橋城內。劍河穿城而過，此為河的中段。過劍橋的朋友，都會對劍河中段的Backs（後花園）流連忘返，徐志摩也不例外。被稱為Backs的後花園是劍河的「精華」所在。劍河在這裏擺出一個大大的弧形，像一張弓。劍河是弓弦，弓弦外幾個蜚聲世界的學院一字排開：皇后學院

格蘭騫斯德村子裡的紅獅酒館

格蘭騫斯德村子裡的綠人酒館

（Queens' College）、潘布魯克學院
（Pembroke College）、聖凱薩琳學
院（St. Catharine's College）、王家
學院（King's College）、克萊爾學院
（Clare College）、三一學院（Trinity
College）、聖約翰學院（St. John's
College）等。Backs臥在弓弦內，有後
花園的意思。但它不是假山盆景、曲折
回廊，而由齊整的草坪，古老的樹木，
以及牧野構成，它和幾個學院親密無間
地融為一個整體。徐志摩形容這一段風
景「那脫盡塵埃氣的一種清澈秀逸的意
境可説是超出了圖畫而化生了音樂的神
味。再沒有比這一群建築更協調更勻稱
的了！」

　　徐志摩觀賞Backs，選取了兩個絕
佳的角度。第一個角度是站在流經王
家學院的劍河的橋上，這座小拱橋由
一棵鋪展著盈盈華蓋的高大櫸樹庇護
著。徐志摩喜歡站在那裏眺望，他的
目光先越過一大方淺草坪，落在學院教
堂（King's Chapel）的尖閣上，看到它
「森林似的」「不可挽的永遠直指著天

劍橋之花

劍橋雪景

夜色中的劍橋教堂

劍橋夜景

皇后學院

潘布魯克學院

聖凱薩琳學院

三一學院

王家學院

聖約翰學院

空」。這座建於1547年的的雄偉壯麗的哥德式建築，雖跨越了五百年
的歷史煙雲，目睹了劍橋的風雨滄桑，仍然光彩依舊。這座教堂裏的
唱詩班每年耶誕節的唱詩活動通過BBC廣播向全世界轉播。

　　隨即徐志摩的目光左移，在克萊爾學院那「不可信的玲瓏的方
庭」停留片刻。立即，他的魂魄被克萊爾學院那「三環橋魔術似的攝
住」。徐志摩聯想到杭州西湖白堤上的西冷斷橋，但隨即否定了。他
說這三環橋沒有那麼「體面」，它「那橋上櫛比的小穿欄與欄節頂上
雙雙的白石球，也只是村姑頭上不誇張的香草與野花一類的裝飾」，
但徐志摩卻肯定它有一種精神的力量，讓你凝神看時，在不自覺間，
心靈中的俗念被滌蕩，得到淨化。徐志摩說：「只要你審美的本能
不曾泯滅時，這是你的機會實現純粹美感的神奇！」從王家學院的橋

克萊爾學院與王家學院教堂

克萊爾學院的三環洞橋

上，徐志摩的目光越過克萊爾學院，能夠隱約看到劍橋「最潢貴最驕縱的三一學院」，「它那臨河的圖書樓上坐鎮著拜倫神采驚人的雕像」。在〈雨後虹〉一文中，徐志摩曾寫有一個夏日，天下起了大雨。徐志摩突然起意到戶外去聽雷看雨。他穿上雨衣，騎上自行車，趕到王家學院的學生宿舍，揪住正在看書的溫源寧就往外邊跑。溫源寧先是一怔，等明白了去幹什麼，不僅自己不肯去，還勸徐志摩不要出去，以免淋雨生病。徐志摩不等他說完，已經一溜煙自己跑了。在電閃雷鳴中，在傾盆大雨中，徐志摩佇立在這棵大樹下，領略了雨中劍橋的美，雨後彩虹的美。也對大自然「從大力裏產生的美，從劇變

裏透出的和諧，從紛亂中轉出的恬靜，
從暴怒中映出的微笑，從迅奮裏結成的
安閒」，有了更深切的領悟和感動。

　　徐志摩賞玩Backs第二個絕佳的角
度，是在這一段劍河上放舟。撐船是劍
河一個傳統的遊覽項目，深受劍橋人以
及到此地遊人歡迎。徐志摩在〈所知道
的康橋〉寫到女船家撐船。她們穿一身
素縞衣裳，戴一頂寬邊薄紗帽，裙裾在
和風中微微飄動，帽子的倒影在水中，

劍河行舟

劍河上的磨坊潭

劍河上的數學橋

手撚一根似乎毫無分量的長篙，漫不經心地像河中一點，小船就像翠魚似地向前滑去。現在女船家已經難以見到，多是壯小夥子。他們撐船老到快捷，但少了些許詩意。徐志摩豔羨女船家撐一隻長篙時的妙曼身姿，他也想試。但長篙撐船是一種技術，徐志摩怪自己手腳太笨，始終沒有學會。學不會他也仍然要撐，於是不知有多少次，這個「莽撞的外行」一出手船就打橫，「把河身一段段腰斬了去」，把河裏本來悠閒的秩序

給搗亂了。不管是別人撐還是自己撐，
在劍河上坐這種小舟絕對是極大的享
受。撐著小船從磨坊潭（Mill Pool）出
發，經過數學橋、克萊爾學院的三環洞
橋、歎息橋等等，一路撐過去，劍橋最
著名的幾個學院的美麗風光盡收眼底。
當然，你也可以把小船撐到橋邊樹蔭
下去念書，去做夢，去聞彌漫在水面上
的花香，去看水底穿梭往來的魚群。不

劍橋之花

劍河上的嘆息橋

徐志摩與劍橋

騫斯德頓水壩附近

知不覺間，Backs的美一點點浸入了心脾，溶化到你的血液中。

劍河在騫斯德頓（Chesterton）建有一道水壩，分出河的中游和下游。水壩擋出一潭深水，這裏成了天鵝和各種水鳥棲息的地方。河的右岸現在是一大片修剪得十分整齊的草坪，叫Jesus Green。但在徐志摩時代，這裏景象大不相同。徐志摩在〈我所知道的康橋〉中寫道：「上下河分界處有一個壩築，水流急得很，在星光下聽水聲，聽近村晚鐘聲，聽河畔倦牛芻草聲，是我康橋經驗中最神秘的一種：大自然的優美，寧靜，調諧在這星光與波光的默契中不期然的淹入了你的性靈。」

騫斯德頓水壩以下，劍河進入下游，河面驟然變寬。河裏沒有了用長篙撐的小船，卻多了賽艇和遊艇。每年的春夏之交，這裏都要舉行划艇比賽。歷史上劍橋與牛津學生的划艇比賽，是舉世聞名的。但劍河上常見的還是學院與學院之間、不同俱樂部之間的比賽。每到比賽季節，河兩岸可說是旌旗招展，

劍河下游風光

喊聲震天。劍橋大學的莘莘學子們坐在長梭形的賽艇上，號令一出，十餘人齊心協力劃槳，賽艇像飛一樣在水面上掠過。這種高強度的體力和意志的對抗，讓我們看到了劍橋學生精神面貌的另一面。劍河下游河面上遊艇也不少，多為私人所有。平時這些遊艇就停在岸邊，不少主人就住在船上。春暖花開之日，他們紛紛從蟄居的船艙裏出來，在甲板上曬太陽，或開著遊艇在河面上兜風。

在劍橋學習和生活，一輛自行車是絕對必要的。劍橋城不大，路又平，更

劍河下游風光

划艇訓練、劍橋大學學生的划艇比賽

劍河下游風光

何況在劍橋有許多專門的自行車道，這些道路不允許汽車跑，而且多半沿著河，或穿行於牧場、樹林之間。在這樣的地方騎自行車，既是鍛煉，又是享受。這就使騎自行車成為劍橋最便捷、最普及的交通工具。徐志摩在〈我所知道的康橋〉中寫到騎自行車的快樂：「任你選一個方向，任你上一條通道，順著這帶草味的和風，放輪遠去，保管你這半天的逍遙是你性靈的補劑。」不管你愛花、愛兒童、愛人情、愛酒，只要你騎上自行車遠行，都能夠獲得最大的滿足。在清晨騎車可以看朝霧，看遠近的炊煙，那些「成絲的，成縷的，成卷的，輕快的，遲重的，濃灰的，淡清的，慘白的，在靜定的朝氣裏漸漸的上

騰，漸漸的不見，彷彿上朝來人們的祈禱，參差的翳入了天聽。」特別是在四、五月的黃昏時分，徐志摩常常在騎了車「迎著天邊扁大的日頭直追」，感到無限快樂。有過這一份體驗的朋友又有誰不是像徐志摩那樣快樂呢？當年維吉尼亞‧吳爾夫訪問劍橋時，就曾感歎過這裏的散步小路之多，之美。任意一條這樣的自行車道，你騎上車子只管飛馳，牧野、河流、花木、飛鳥、古老的茅屋、秀逸的教堂……都會一一映入你的眼簾，又有哪一位劍橋朋友不被這美景打動過呢？

　　劍橋的自然之美對徐志摩的意義是重大的。徐志摩在〈雨後虹〉一文中說：「我生平最純粹可愛的教育是得之於自然界，田野，森林，山谷，湖，草地，是我的科室；雲彩的變幻，晚霞的絢爛，星月的隱現，田裏的麥浪是我的功課；瀑吼，松濤，鳥語，雷聲是我的教師，我的官覺是他們忠謹的學生，受教的弟子。」在〈我所知道的康橋〉中，徐志摩寫道：「人是自然的產兒，就比枝頭的花與鳥是自然的產兒；但我們是文明人，入世深似一天，離自然遠似一天。離開了水的魚，能快活嗎？能生存嗎？從大自然，我們取得我們的生命；從大自然，我們應分取得我們繼續的滋養。」徐志摩認為，現代人病了，這病根是忘了這自然之「本」。而「為醫治我們當前生活的枯窘，只要『不完全遺忘自然』，一張清淡的藥方我們的病象就有緩和的希望。」顯而易見，徐志摩與盧梭、華茲華斯、卡萊爾、羅斯金、阿諾德、勞倫斯一路法國、英國思想家、詩人、小說家的思想一脈相承。他的自然觀的形成顯然極大地受益於在劍橋這段「遊山玩水」的恬靜悠閒生活。劍橋的風景練就了他一雙觀察自然之美的眼睛，使他發現了自然之美。「就只那一春，我的生活是自然的，是真愉快的！

我那時有的是閒暇，有的是自由，有的是絕對單獨的機會。說也奇怪，竟像是第一次，我辨認了星月的光明，草的清，花的香，流水的殷勤。」在對自然的觀賞和思考中，徐志摩邁出了成為詩人的至關重要的一步。

第三章

徐志摩的劍橋學習生活

在〈我所知道的康橋〉中，徐志摩說他想從兩個方面寫劍橋。一是「我所知道的康橋的天然景色，一是我所知道的康橋的學生生活。」在〈康橋再會罷〉一詩中，他說只是到劍橋後，自己的心智，方始「靈苗隨春草怒生，沐日月光輝，／聽自然音樂，哺啜古今不朽⋯⋯的文藝精英：恍登萬丈高峰，猛回頭驚見／真善美浩瀚的光華，覆翼在人道蠕動的下界，朗然照出／生命的經緯脈絡，血赤金黃，／儘是愛主戀神的辛勤手績」。可見徐志摩在劍橋期間，在學業方面不僅沒有放鬆，而且大有收穫。遺憾的是，〈我所知道的康橋〉只寫了劍橋的景色，〈康橋再會罷〉對此也語焉不詳。劍橋時期的徐志摩沒有留下成績單，沒有留下學位論文，這些都給我們充分瞭解徐志摩在劍橋的學習生活造成了一定困難。

但徐志摩在劍橋的學習生活並非無跡可尋，從他的全部詩文中，我們仍然能夠找到

他學習的若干細節和線索。首先，徐志摩到劍橋後愛上了文學，尤其
是英國文學；其次，他的學習方法發生了巨大變化。下面，我就這兩
個問題做一些分析。

一

　　徐志摩在劍橋學有所成，很受益於劍橋大學獨特的學院制度。眾
所周知，劍橋大學施行的是學院制。其實世界上多數的大學都施行這
樣的體制：大學分若干學院，每個學院分若干系，系分若干專業。據
此可以畫出一個樹狀圖。但牛津或劍橋的學院卻是世界獨有的，它的
院與系之間在行政管理上並不互相隸屬和包含。劍橋大學現在共有31
個學院，每一個學院的歷史都在百年以上。學院的劃分不是依據知識
和專業，而是與基督教的發展和英國皇室有千絲萬縷的聯繫，這一點

王家學院的正門與教堂

可以從學院的名稱上看出來，如三一
學院、耶穌學院（Jesus College）、王
家學院等。學院早期的主要使命是研
究和傳播神學，近代以降，新的人文、
科學知識和學問才在學院裏紮下了根。
系一開始就是以知識和學問作為劃分
的原則，是20世紀以後逐漸設立的新
的教學科研單位。學院和系各行其事，
各司其職，舊制與新制相互補充，相互
利用，構成了一個看起來矛盾，實則非
常和諧的完整大學教育體制。從學生的
角度來說，一個學生必須屬於某一個學
院，同時又屬於某個系。這樣一來，一
個學院裏就會有來自不同系的學生，而
每個系又有來自不同學院的學生。不同
知識背景的學生在院系中朝夕相處，在
學問上就增大了兼收並蓄、跨越打通的
機會。

牛津、劍橋的學院體制更重要的
一點是它的導師制。每個學院都聘有
院士（fellow），由傑出的學者擔任。
院士有兩個重要職責：一是自己做研
究，一是指導學生。這種指導不是上大

學院間的胡同

劍橋大學圖書館

麥格達倫學院

麥格達倫學院

課,而是擔任學生的思想、學問、生活的導師。每一個學生都有一個這樣的導師。林語堂在〈談理想教育〉一文中,對牛津劍橋的教育制度讚不絕口。他說這種教育制度的關鍵是「在課外自然的接觸」。這實際上是要求建立一種密切、自然的師生關係。林語堂說,教育根本上是「人與人的關係,不應當解做一種人與書的關係」。為什麼是這樣?林語堂如是解答:「一個沒學問的人因為得與有學問的人天天的接觸,耳濡目染,受了他的切磋砥礪,傳染著他好學的興味,學習他治學的方法,明白他對事理的見解──這是我所謂教育。」林語堂引用了教育家威爾遜的話說,「看書不一定使人成為有思想的人,但是與思想者交遊普通可以使人成為有思想的人。」林語堂進一步指出:「課堂上的學問是死的,機械式的,在課堂外閒談時論到的學問才是活的,生動的,與人生有關的。」林語堂指出,大學要有大師,它應該是「瑰異不凡人格的吃飯所,是國中賢才薈萃之區,是思想家科學家麇集之處。」依林語堂的意思,大學要供養一批學富五車的鴻博師儒,應該隨處可見牛頓、羅素一類人物,讓他們永遠擺脫物質環境的壓力,專心致志、從從容容地增進學問,培養德性。而學生,在和這些這類導師朝夕相處中,在交遊和談學中,逐漸被薰陶出來。

徐志摩在〈吸煙與文化〉一文中,風趣地把牛津劍橋導師制度的秘密概括為「對準了他的徒弟們抽煙」。這聽起來有點不可思議,但徐志摩並非信口開河,而是有所依據。一位叫利卡克的教授(Stephen Leacock)著文〈我所見的牛津〉就談到了導師對學生抽煙的妙處。在牛津這樣的古老大學裏,導師經常做的工作,就是招幾個私塾弟子,到自己的房間裏去聊天閒談。閒談沒有特定目的和話題,也不為

拜倫潭

了解決具體問題。抽煙在這種場合是必不可少的，在噴雲吐霧當中，師徒們陶陶然、薰薰然，海闊天空，大談特談，在此過程中，導師的學問精神就被學生學到了，也就被薰陶成了一個學問人。徐志摩謙虛地說自己不是像溫源寧先生那樣是正經的劍橋科班出身，沒有受過嚴格的「薰煙」教育，只是「烤小半熟的白薯，離焦味兒透香還正遠哪。」但他已經感到知足了。他深情地說：「我不敢說康橋給了我多少學問或是教會了我什麼。我不敢說受了康橋的洗禮，一個人就會變氣息，脫凡胎。我敢說的只是——就我個人說，我的眼是康橋教我睜的，我的求知慾是康橋給我撥動的，我的自我的意識是康橋給我胚胎的。」徐志摩與狄更生之間就是導師和學生的關係，顯然，徐志摩也

被導師的煙薰開了眼。

　　在徐志摩那個時代，相比較美國重實用，重科學，平民化的大學教育體制而言，牛津、劍橋大學一類英國大學奉行的是貴族精英教育和人文教育，它的目的主要不是培養勞動者，而是給真正有天才的人，提供自由發展的空間。林語堂在〈談牛津〉一文中，對比了美英大學的這種差別。他說美國的大學充滿了「學分」、「單位」、「註冊部」、「補考」、「不及格」現象。而英國的大學，就像一切英國的制度一樣，是「理論上很有毛病的一種組織」，但就是這樣有毛病的組織，仍然「能產生一種談吐風雅、德學兼優的讀書人」。親身經歷過美國和英國兩種不同教育體制的徐志摩，自然對此感觸很深。徐志摩在美國讀書期間寫給友人李濟的書信表明，他的確陷入了考試、分數、學位的苦惱之中。1920年1月19日的信說：「現在正在大抱佛腳，因為無情的考試已在跟前。」通過考試之後，他又開始為學位論文忙碌。1920年春夏間的一封信告訴李濟，他最初想師從葛庭斯教授，在他的指導下寫碩士學位論文，這樣三個月就有希望獲得學位。但後來瞭解到，葛庭斯教授不負指導碩士之責，而且要拿社會學碩士必須要修夠相應的學位課程，費時費力。他想轉到經濟學寫論文，因為這一專業不需要修讀學位課程。徐志摩字裏行間充滿了煩惱和無奈。徐志摩說自己對「機械性買賣性的教育膩煩透了」，希望有一個「絕對閒暇的環境好容我們的心智自由的發展去。」到劍橋後，徐志摩終於達到了自己的目的。這種教育方式的改變徹底解放了徐志摩，他不再為上課、考試和分數忙碌，能夠真正靜下心來，為了心靈和思想的發展而讀書。徐志摩在〈吸煙與文化〉中就此總結說：「我在美

劍橋大學學生參加畢業典禮

國有整兩年，在英國也算是整兩年。在美國我忙的是上課，聽講，寫考卷……在康橋我忙的是散步，划船，騎自轉車，抽煙，閒談，……看閒書。如其我到美國的時候是一個不含糊的草包，我離開自由神的時候也還是那原封沒有動；但如其我在美國時候不曾通竅，我在康橋的日子至少自己明白了原先只是一肚子顢頇。這分別不能算小。」

　　徐志摩在學業上精進，在靈魂上開竅，思想上成長，除了受益於劍橋的學院制、導師制外，作為特別生，沒有功課上的硬性規定，不受考試所累，隨心所欲地閱讀也是重要的途徑。徐志摩在〈濟慈的夜鶯歌〉一文中說：「文學本不是我的行業，我的有限的知識是『無師傳授』的」。他舉例說，英國批評家佩特（Water Pater）的著作是路遇大雨，進一家舊書舖避雨時發現的。自己之所以愛上德國大文豪歌德（Johann W. Goethe，1749～1832），是因為讀了英國新浪漫主義小說家史蒂文生（Robert Louis Stevenson，1850～1894）在其〈寫作的藝術〉中對一本歌德傳記的推崇。因為自己離婚，所以去讀雪萊，想看看這位浪漫主義大詩人在離婚時有怎樣的境遇。像杜斯妥耶夫斯基（Fyodor Dostoevsky，1821～1881）、托爾斯泰（Leo Tolstoy，1828～1910）、丹農雪烏（Gabriele D'Annunzio，1863～1938）、盧梭（Theodore Rousseau，1812～1867）、波特萊爾（Charles Baudelaire，1821～1867）等作家，他都不是經由正宗的介紹，課堂上的學習，而是「邂逅」和「約會」的結果。陶淵明所說的「好讀書，不求甚解」反映了他的這種讀書態度。這是一種非功利性的閱讀，從書籍中尋找心靈的滋養，思想的支撐，精神的友伴。因為從這種閱讀方法中收益，後來的徐志摩總是反對用所謂科學的方法研究文學，反對條分縷析地解剖文學。他說：「本來以科學的方法來研究文學，是很煞風景的。其實一個人作文章，只是靈感的衝動；他作時決不存一種主義，或上要寫一篇浪漫派的文，或上自然派的小說，實在無所謂主義不主義。文學不比穿衣，要講時髦；文學是沒有新舊之分的。他是最高的精神之體現，不受任何時間的束縛，永遠

常新。」在〈濟慈的夜鶯歌〉中，他認為「把整體的詩分成片斷詮釋他的意義」，「是煞風景的，是不足取的」，因為欣賞藝術就如同欣賞山景一樣，要站到一個適當的位置，才能把「全景的精神」盡收眼底。

二

在劍橋期間，徐志摩的興趣從政治學、社會學轉到了文學，尤其是英國文學。這一轉變，不僅造就了一位詩人，而且培養了一位文學研究家。徐志摩在〈近代英文文學〉中說：「我所看的文學書，有幾部在我生命上開了一個新紀元。天賦我們以耳目口鼻，似乎是一切具備了，但那是不清切的存在：有了文學的滋潤，便可從這種存在警醒過來。」「讀文學書可以使人的人生觀和宇宙觀根本變化，所以必須用全副精力去讀。」他在〈徵譯詩啟〉中引述一位英國作家的話說：「詩是最愉快最高尚的心靈經歷了最愉快最高尚的俄頃所遺留的痕跡」。既然這一轉變如此重要，就有必要費些筆墨，把徐志摩在文學領域積累的學問與見解做一個梳理和總結。考慮到本書的範圍和內容，我的梳理和總結只限於英國文學。

徐志摩認真鑽研過並頗有心得的英國作家作品，集中在兩個時段：浪漫主義時期和近現代。徐志摩寫於1922年7月的長詩〈夜〉的第三節，抒情主人公駕著想像的翅膀，離開「二十世紀的不夜城」，溯時間長河而上，來到了「湖濱詩侶」的故鄉。詩中的「湖濱詩侶」是指英國浪漫主義詩派湖畔派代表詩人華茲華斯（William Wordsworth，1770～1850）。他出生在英格蘭西北部著名的風景

勝地湖區，後來又長期在此居住，
寫了不少以湖區風景為題材的詩歌
作品。抒情主人公在想像中見到華
茲華斯和他的妹妹多蘿茜（Dorothy
Wordsworth，1771～1855）、詩人
柯勒律治（Samuel Taylor Coleridge，
1772～1834）圍坐在爐火旁，吟詠著
自己的詩篇，他也向這位浪漫主義詩人
致以崇高的敬意。其實豈止華茲華斯，
拜倫（George Gordon Noel Byron，
1788～1824）、雪萊（Percy Bysshe
Shelley，1792～1822）、濟慈（John
Keats，1795～1821）都是徐志摩的
最愛。他在1924年寫的〈拜倫〉[註1] 一
文中，描繪了拜倫的兩幅畫面。一幅
是這個「美麗的惡魔」、「光榮的叛
兒」站在懸崖邊的造型。拜倫不像華
茲華斯那樣喜愛秀麗、恬靜的田園景
色，他欣賞大自然的陽剛之美，巍峨的
山嶽，波瀾壯闊的海洋，瀑布的喧囂，
暴風雨的轟鳴，閃電刺破雲霧，更能
激起他由衷的禮贊。徐志摩洞悉拜倫對
大自然的熱愛，在這個英雄形象周圍，

華茲華斯像

安置了飛流瀑布、幔天松林、絕壁危岩，以及翱翔的雄鷹，讓壯美的大自然與非凡的英雄形象相互映襯、烘托。拜倫在詩劇〈曼弗雷德〉（Manfred）中，塑造了曼弗雷德這個惡魔般的「拜倫式英雄」。那個偉大的孤獨者在高山之巔徘徊，他一生有無數榮耀，卻感到莫大痛苦。他祈求死亡，以遺忘自己遭受過的感情折磨。這樣一個孤獨的悲劇英雄形象，也在徐志摩筆下呼之欲出。他感慨拜倫時運不濟，生前飽受非議；雖事業轟轟烈烈，卻在巔峰之年橫死。徐志摩在〈拜倫〉中描繪的第二幅畫面，是拜倫臨死前在梅鎖朗奇海灘的想像圖。夕陽下的海灘燦爛如金，拜倫回想著古希臘早已消逝的輝煌，回想著自己三十六年走過的風雨坎坷歷程，為自己的人生做了總結。隨即，他拖著昏熱的身軀，躍入大海之中，劈波斬浪，並發出號令：「衝鋒，衝鋒，跟我來！」以他臨死前的一擊，向追隨者發出前進的號令。全篇對拜倫的詩歌藝術未著一字，卻極其生動地刻畫出反抗和戰鬥，孤獨與絕望的詩人形象。同時，他也肯定了拜倫在今日中國的意義，並期待自己能夠繼承拜倫未竟的革命事業。

徐志摩沒有留下專門論述雪萊的文章，只在其他文章中有所涉及。在〈拜倫〉一文中，雪萊被描繪成拜倫的戰友與同志，他們是「一對共患難的，偉大的詩魂，一對美麗的惡魔，一對光榮的叛兒！」在〈濟慈的夜鶯歌〉一文中，徐志摩認為雪萊與濟慈一樣，精通「與自然諧合的變術」，因此在寫〈雲〉時，不知道是雲變了雪萊，還是雪萊變成了雲，而他的〈西風頌〉和〈雲雀頌〉也有同等魅力。徐志摩這裏所說的「與自然諧合的變術」，其實是指詩人的泛神論思想和主觀化追求在詩歌中的出色應用。浪漫主義詩人認為，自然

是上帝的徵象，是神之意志的體現。
崇拜自然，追求與大自然融為一體，
就是為了從中獲得啟悟，一窺造物主
的靈光。同時，浪漫主義詩人還把外
部世界看成是心靈的外化形式，看成詩
人情感的凝聚物。雪萊在自然物象中尋
找神的品格，寄託個人的反抗之情、理
想之意，正是這一思想和追求的體現。
在〈濟慈的夜鶯歌〉中，徐志摩還比較
了雪萊與濟慈在詩風上的差別。他說濟
慈的詩體現了生命的沉靜、甜熟，而雪
萊的詩歌充滿動感，這是生命的振動，
它劇烈、鮮豔、嘹亮。尤其是雪萊的
〈雲〉，表現了生命的舞動，展示了精
彩、光亮、搏動的人生。

雪萊像

　徐志摩的〈濟慈的夜鶯歌〉通過對
濟慈〈夜鶯頌〉的分析，闡述了他對傑
出的浪漫主義詩人濟慈的深刻理解。徐
志摩對濟慈的〈夜鶯頌〉評價非常高，
說它是「宇宙間一個奇跡」，即使將來
大英帝國不復存在，〈夜鶯頌〉也仍然
會保存它無與倫比的價值，它「永遠在
人類的記憶裏存著」。濟慈的詩歌創作

與羸弱的身體狀況有密切關係，逐漸逼近的死亡成為他創作的動力和源泉。〈夜鶯頌〉寫詩人聽到夜鶯的歌唱而引發的內心情懷，表達的也是對死亡的戒懼，對現世的留戀，對永生的渴望。詩人在暗夜中聽到夜鶯在林中歌唱，不由想借美酒的力量擺脫人世煩惱並與啼唱的夜鶯共入深林。但是酒不能使詩人達到夜鶯的歡樂境界，於是想借助詩歌的力量，在詩的藝術境界中達到目的。詩人於是達到快樂的巔峰，他想在此刻在夜鶯的歌聲中死去。永恆的藝術是濟慈祭出的戰勝死亡的利器，其間埋伏著追求永生的隱秘衝動。但濟慈從沒有捨棄現世的歡樂，藝術的永久性不能完全安慰他，相反，他總是在最迷醉的時刻清醒過來，向活生生的現世投去留戀的目光。〈夜鶯頌〉中，夜鶯的歌聲漸遠，詩人終於從幻想的境界回到現實中。徐志摩異常準確地把握到〈夜鶯頌〉的精髓和要害，並真正懂得如何欣賞它的詩意之美。他說〈夜鶯頌〉「充滿著靜的，也許香豔的，美麗的靜的意境」，表現了「甜熟的，漸緩的，『奢侈』的死，比生命更深奧更博大的死，那是永生。」他又以著名京劇表演藝術家龔雲甫的沙脆清蒼唱腔風格做比，說讀〈夜鶯頌〉就像聽龔雲甫唱戲：起初嗓子是發沙的，「很懈地試她的新歌；頓上一頓，來了，有調了。可還不急，只是清脆悅耳，像是珠走玉盤……慢慢地她動了情感，彷彿忽然想起了什麼事情使她激動異常的憤慨似的，她這才真唱了，聲音越來越亮，調門越來越新奇，情緒越來越熱烈，韻味越來越深長，像是無限的歡暢，像是豔麗的怨慕，又像是變調的悲哀——直唱得你在旁傾聽的人不自主的跟著她興奮，伴著她心跳。你真恨不得和著她狂歌，就差你的嗓子太粗太濁合不到一起！」這些見解都非常內行老到，顯示出徐志摩對文

濟慈在倫敦的故居正面

濟慈在倫敦的故居背面

學成熟敏銳的鑑賞力。

　　徐志摩的另一個關注的重點在英國近現代文學。1923年夏，徐志摩應邀在南開大學暑期學校講課，發表了以〈近代英文文學〉等為題的系列講座。根據趙景深、焦菊隱的紀錄稿，這系列講座共分十講，內容不純是英國文學，而涉及從古希臘羅馬神話開始的所有歐洲文學。但無疑，英國近代文學是講座的側重點之一。徐志摩試圖梳理出英國近代文學的大致脈絡，並給出一些他認為重要的作品和學習參考書。在英國近代文學中，徐志摩比較詳細地講解了王爾德（Osoar Wilde，1856～1900）、蕭伯納（George Bernard Shaw，1856～1950）、威爾斯（Herbert George Wells，1866～1946）。王爾德自己說「我是要在生命中實現詩的」。徐志摩介紹了王爾德的奇裝異服、招搖過市，他的機智幽默談吐，說他的生活便是一部詩集，「異常的浪漫」。王爾德後來因有傷風化罪被捕入獄，徐志摩強調了這一事件對王爾德的打擊和創作上的影響。徐志摩用「殉道者」一詞來概括這位英國近代唯美主義作家，從其特立獨行的生活方式和遭遇入手介紹這位作家，雖言簡而意賅，盡得王爾德的精神。徐志摩注意到蕭伯納作品中的現代色彩，指出他受尼采影響，是「終身主張超人的人」。徐志摩還認為蕭伯納的話「多似是而非的顛倒語」，說他「反抗浪漫派」，關注愛情背後「生命力」所發揮的作用。徐志摩不是能夠完全理解蕭伯納「現代主義」的一面，但這些片言隻語還是顯示出一位詩人敏銳的藝術感覺和判斷。徐志摩介紹威爾斯既寫科學幻想小說，又寫社會小說。說他的思想從改良主義發展到世界主義。他主張藝術是「表達思想的工具」，創作要「以社會為本位」。他對人類的

未來發展持樂觀主義的態度。徐志摩與
威爾斯私交甚篤，他在講座中還回憶了
與這位小說家交往的趣聞和生活逸事，
有助於加深聽眾對威爾斯的理解。

　　在所有英國作家中，徐志摩對哈代
（Thomas Hardy，1840～1928）的認
識最深、用力也最多。徐志摩在1924
年1月發表了〈湯麥司哈代的詩〉一
文。1926年寫〈厭世的哈代〉。1928
年2月，哈代病逝，為紀念這位由衷敬
仰的作家，徐志摩一連寫了〈湯麥士
哈代〉、〈謁見哈代的一個下午〉、
〈哈代的著作略述〉、〈哈代的悲觀〉
等四篇文章，還寫了一首名為〈哈代〉
的詩。此外，徐志摩在哈代詩歌的翻
譯上也不遺餘力，譯有他的〈她的名
字〉、〈窺鏡〉等十八首詩。徐志摩
對哈代的詩歌尤其有深入理解。眾所周
知，哈代因1895年出版長篇小說《無
名的裘德》招致了一些衛道者的攻擊，
憤而終止小說創作，轉向詩歌創作。
早年的哈代曾寫過詩，但沒有成功，
到了晚年，作為偉大小說家的聲譽已經

哈代的麥克斯門住所

哈代的麥克斯門住所

確立的時候，他才重新踏足到這個相對陌生的創作領域。這對哈代是一個冒險，但他勇敢地接受了挑戰，創作了〈列王〉等眾多優秀的詩篇，令世人驚歎他無窮的創造力。徐志摩對哈代創作道路的變化了然於心。同時，徐志摩是一位詩人，詩人與詩人之間，有更多靈犀相通之處。所以，他論述哈代詩的文字，可謂字字珠璣，精彩之筆俯拾皆是。他在論述哈代的悲觀時指出，世人都言哈代悲觀，是命定論者，

是厭世主義者。這些標籤自有它們的用處，就像旅行指南一類，給旅行者按圖索驥的方便。徐志摩並不一概反對給作家貼標籤，因為確實有很多初學者需要學習上的便利。但他認為，如果要想深入理解作家作品，就不能「吞吐旁人嚼過的糟粕，什麼都得親口嘗味。」就如對哈代「悲觀」的定性。事實上，叔本華、杜斯妥耶夫斯基、夏多布里昂等許多作家都表現了悲觀的一面，除非我們對這些作家的「悲觀」有具體的描述以更貼近他們的實際，只從這一概括性極強的用語上理解這些作家，是無助於加深對這些作家的理解的。徐志摩誠懇地說：「我們如其真有愛好文藝的熱誠，除了耐心去直接研究各大家的作品，為自己立定一個『口味』（taste）的標準，再沒有別的速成的路徑了。」

徐志摩接著分析指出，哈代並沒有成心去當一個悲觀主義者，或用作品證明自己的悲觀；哈代的悲觀，也不證明他真的就厭世、絕望。如果那樣的話，他就不會六十年如一日癡心不改地取悅繆斯女神了。正如哈代在詩中寫到的：「首先要料到最壞的境況，/才會找到前進的坦途。」哈代的悲觀，其真正意義在於它深刻表達了「一個人生實在的探險者的疑問」。他沒有表現「膚淺的樂觀」，那是經不起深入推敲的。他希望人生改善，世界進步，才會把這醜陋揭露出來，引起世人的警醒，以便走入改善的正道。在具體分析哈代所謂「悲觀」的具體內涵時，徐志摩認為哈代發現了人生的不滿足，他不斷地要猜透人生的謎底，「暴露靈魂的隱秘與短處」，「勘破虛榮」、「剖開幻象」，「盡力地描畫人類意志之脆薄與無形的勢力之殘酷」等等。儘管「悲觀」的內涵如此豐富，徐志摩還是提醒讀者，不要只關注哈

代作品中的「哲理」，更重要的是去領悟他「創造的精神」，領悟他「擴張藝術的境界與增富人類經驗的消息」。

〈湯麥司哈代的詩〉一文尤為精彩之處，是把哈代的詩與華茲華斯的詩進行對比。他們都是大自然的歌者，都認為人生是有靈性的大自然的重要組成部分，都認為自然與人的情感相應和，自然處處都有奇跡，並折射出心靈的生活。而且，哈代筆下有威塞克斯，華茲華斯筆下有湖區，他們都以特定的地域為描寫的重點，具有鮮明的鄉土地方色彩。徐志摩還敏銳地觀察到二位詩人創作上的差異。華茲華斯筆下是燦爛陽光普照下的山坡澗水，林木花草，哈代展現的卻是幽深的山谷，那裏有悄然飄過的陰影，昏夜的氣象。而且，哈代的自然觀與華茲華斯有顯著不同，哈代認為宇宙是神靈的軀殼，其中埋伏著冷酷的時間和盲目的事變。更重要的是，徐志摩還指出了哈代詩歌風格轉變在文學史上的意義，認為他代表了對維多利亞時代詩歌庸俗的物質主義、虛假的樂觀主義、矯飾的濫情主義的反動，開了一代新的詩風。

徐志摩對哈代總體的創作成就的評價也非常高，説他「在文藝界的位置已足夠與莎士比亞，巴爾扎克並列。在英國文學史裏，從《哈姆雷特》到《裘德》彷彿是兩株光明的火樹，相對的輝映著，這三百年間雖則不少高品的著作，但如何能比得上這偉大的兩極，永遠在文藝界中，放射不朽的神輝。再沒有人，也許杜斯妥也夫斯基除外，能夠在藝術的範圍內，孕育這樣想像的偉業，運用這樣宏大的題材，畫成這樣大幅的圖畫，創造這樣神奇的生命。他們代表最高度的盎格魯撒克遜天才，也許竟為全人類的藝術創造力，永遠建立了不易的標

準。」並且說：「我覺得讀他一冊書比
受大學教育四年都要好。」在哈代仍然
活著的時代，徐志摩就能作出這樣的評
價，現在看來，這些評價基本經受住了
時間的考驗。這顯示出徐志摩的遠見卓
識。

　　在20世紀現代作家中，徐志摩對曼
斯費爾德（Katherine Mansfield，1888〜
1923）給予了格外的關注。1922年7
月，徐志摩離開英國前夕的一個雨夜，
專程拜訪了暫住在倫敦的默里夫婦。那
時，曼斯費爾德正在走完她生命的最後
一段旅程，那「豔麗無雙的夕陽」，正
在「漸漸消翳」。僅半年後，曼斯費爾
德就在法國的楓丹白露病逝。徐志摩在
1923年5月發表了〈曼殊斐爾〉一文以
為紀念。在文中，他大談曼斯費爾德的
超凡脫俗之美給自己留下的深刻印象。
他用「那二十分不死的時間」形容自
己與曼斯費爾德交談所獲得的強烈震
撼，用杜鵑啼血來比喻她嘔心瀝血的創
作。這是一篇美文，對會見的場面有詳
盡的鋪陳，對曼斯費爾德表現了無限的

哈代筆下的荒原

曼斯費爾德像，上面有她的親筆簽名

崇拜甚至是深情，對但對曼斯費爾德創作本身的分析卻著墨不多，只提及她「私淑契訶夫」，其作品是「純粹的文學」，「光彩是深蘊於內而不是顯露於外的」。1926年，徐志摩又寫了〈這是風刮的〉短文一篇，其中論到曼斯費爾德的作品大半是追憶早年在故鄉新西蘭的經驗，並且總有她弟弟的身影閃現其間。還說到曼斯費爾德小說的文筆「輕妙」。這些片言隻語，都透著真知灼見。徐志摩對曼斯費爾德最大的貢獻，是他翻譯了曼斯費爾德九篇短篇小說。在同一時代，胡適和陳西瀅都翻譯過曼斯費爾德的作品，但徐志摩翻譯得最多，影響也最大。這些翻譯作品，不僅影響了他自己的小說創作，也對凌叔華的作品產生了影響。

縱觀徐志摩的英國文學論，可以發現，他對幾位浪漫主義詩人和哈代領會最深，認同感最強。對於同時代的英國現代主義文學，徐志摩的態度比較複雜。在1922年離開英國前，徐志摩寫了〈康橋西野暮色〉一詩，還為此詩寫了長篇引言。在引言中，他為自己在詩中沒有用標點符號辯解，舉的是喬伊斯（James Augustine Aloysius Joyce，1882～1941）《尤利西斯》的例子。他說《尤利西斯》最後一百頁沒有用一個標點，「是純粹的『prose』，像牛酪一樣潤滑，像教堂石壇一樣光澄」，是真正的「大手筆」。這顯示徐志摩接受現代主義文學的能力是很強的。但他對吳爾夫起初是隔膜的。他與布魯姆斯伯里集團的重要成員弗賴和羅素交情甚好，但對同樣屬於布魯姆斯伯里集團的現代主義藝術家和作家凡妮莎（Vanessa Bell，1879～1961）、維吉尼亞‧吳爾夫（Virginia Woolf，1882～1941）姊妹最初全沒有好感。以致在1922年離開英國前，從未想到要去拜訪她們。徐志摩在寫

於1923年的〈曼殊斐爾〉一文中提到
過吳爾夫，把她和曼斯費爾德對照，
給的是一個負面的印象。徐志摩說曼
斯費爾德「仙姿靈態」，溫婉雅致，
是「理想」的女性，而維吉尼亞‧吳爾
夫以及她的姐姐凡尼莎等女性作家、藝
術家有著「怪僻」的人物，是一些「背
女性」：「頭髮是剪了的，又不好好
收拾，一團糟地散在肩上；襪子永遠是
粗紗的；鞋上不是有泥就是有灰，並且
大都是最難看的樣式；裙子不是異樣的
短就是過分的長，眉目間也許有一兩圈
『天才的黃暈』，或是帶著最可厭的美
國式龜殼大眼鏡，但她們的臉上卻從不
見脂粉的痕跡，手上裝飾亦是永遠沒有
的，至多無非是多燒了香煙的焦痕，嘩
笑的聲音十次裏有九次半蓋過同座的男
子；走起路來也是挺胸凸肚的，再也辨
不出是夏娃的後身；開起口來大半是男
子不敢出口的話；……總之她們的全人
格只是婦女解放的一幅諷刺畫。」由此
看來，徐志摩在劍橋時，主要是出於對
吳爾夫之類先鋒作家的反感和不理解，

吳爾夫

才使他沒有利用弗賴的便利，去求見吳爾夫，轉而拜謁曼斯費爾德。1928年徐志摩第三次訪問英國時，已經注意到維吉尼亞·吳爾夫的重要性。他給弗賴寫信，希望在臨走前去拜訪英國現代主義女作家維吉尼亞·吳爾夫，請弗賴為自己引見。信中說：「我在念維吉尼亞的《到燈塔去》，這真是精彩至極的作品。弗賴，請你看看是否可以帶我見見這位美艷明敏的女作家，找機會在她寶座前焚香頂禮。我很盼望在離開英國時能帶著點點滴滴難忘的懷念。」弗賴是英國著名的知識份子集團布盧姆斯伯里集團的核心成員，與吳爾夫夫婦交情甚篤，與維吉尼亞的姐姐，畫家凡尼莎長久保持著情人關係。徐志摩深知其

吳爾夫在倫敦住過的公寓

吳爾夫在英國南方的住所

中關節，向弗賴求助，是十分得當的。1928年，在自己已經對現代派有了一些理解後，轉變了對吳爾夫的態度，希望去拜訪她。吳爾夫的《到燈塔去》出版於1927年，也就是徐志摩到英國的前一年。

　　沒有跡象顯示徐志摩與吳爾夫有過會面，但無疑此後徐志摩改變了對吳爾夫的態度。在1929年10月發表於《新月》2卷8期的〈關於女子〉（原為1928年12月17日在蘇州女子中學講演）一文中，徐志摩三次提到吳爾夫。第一次說：「再有是我看到一篇文章，英國一位名小說家做的，她說婦女們想從事著述至少得有兩個條件：一是她得有她自己的一間房子，這她隨時有關上或鎖上的自由；二是她得有五百一年（那合華銀有六千元）的進益。」「名小說家」就是吳爾夫。第二次是匿名引用吳爾夫在《一間自己的房間》中對奧斯丁的議論。徐志摩

徐志摩出國時護照上的照片

說：「再說近一點，一百年前英國出了一位女小說家，她的地位，有一位批評家說，是離著莎士比亞不遠的Jane Austen——她的環境也不見到比你們強。實際上她更不如我們現代的女子，也沒有每年多少固定的收入。她從不出門，也見不到什麼有學問的人；她是一位在家裏養老的姑娘，看到有限幾本書，每天就在一間永遠不得清淨的公共起居間裏裝作寫信似的起草她的不朽的作品。」徐志摩對吳爾夫《一間自己的房間》中有關奧斯丁寫作狀況描述的引用，是十分恰當的。第三次是在表彰一批英美女作家後，又格外說「近時如曼殊斐爾（通譯曼斯費爾德）、薇金娜‧伍爾夫（通譯維吉尼亞‧吳爾夫）等等都是卓然成家為文學史上增加光彩的作者。」把吳爾夫與自己崇拜的曼斯費爾德並列，這顯示了徐志摩對現代主義作家態度上的變化。此外，徐志摩還翻譯過勞倫斯（David Herbert Lawrence，1885～1930）的三篇短文。遺憾的是沒有留下任何評論。

　　徐志摩在劍橋種下了文學的種子，回國後又經過自修，終於結出了「善果」，逐漸成為英國文學的專家。這一點也最終得到社會的承認。1927年9月，徐志摩開始在光華大學任教，講授英文小説流派課程，同時兼任東吳大學法學院英文教授。1929年，在中央大學任教，開設西洋詩歌和西洋名著等課程。1931年初，他任北京大學英文系教授，兼任北京女子大學教授。

　註1：1924年4月19日是拜倫逝世一百周年，國內學界擬舉辦一場拜倫的紀念會，由徐志摩負責籌辦。當年2月21日，徐志摩給遠在英國的好友魏雷寫信提到此事：「我在籌辦一個以魔鬼詩派為中心的拜倫百年紀念會，我們很想聽聽你的建議。」4月，《小説月報》12卷四號出版了拜倫專號，徐志摩在該期雜誌上發表了〈拜倫〉一文，作為紀念。

第四章

徐志摩的劍橋詩歌創作

徐志摩的劍橋詩歌，既包括他在劍橋期間創作的詩歌，也包括以劍橋自然物景為題材創作的詩歌。第一類詩歌有〈草上的露珠兒〉、〈聽瓦格納（Wagner）樂劇〉、〈情死（*Liebstch*）〉、〈私語〉、〈小詩〉、〈夜〉、〈清風吹斷春朝夢〉、〈你是誰呀？〉、〈青年雜詠〉、〈月夜聽琴〉、〈人種由來〉、〈無兒〉、〈悲觀〉、〈笑解煩惱結（送幼儀）〉等十四首。第二類詩有〈夏日田野即景（近沙士頓）〉、〈春〉、〈沙士頓重遊隨筆〉、〈康橋西野暮色〉、〈康橋再會吧〉、〈再別康橋〉等六首。1921年春～1922年夏的劍橋時期是徐志摩詩歌創作的學步期。這一時期徐志摩的詩歌總體成就並不高，但它們特色鮮明，作為練筆，為日後走向成熟，奠定了堅實的基礎。徐志摩身上的「劍橋情結」長期積蓄發酵，終於創作出了〈再別康橋〉這樣的傳世佳作。

《志摩的詩》第一版線裝本封面

《猛虎集》封面

《翡冷翠的一夜》封面

一

　　徐志摩在〈清風吹斷春朝夢〉一詩中寫道：「詩心，戀魂，理想的彩雲，──／一似狼藉春陰的玫瑰」。其中的「詩心」、「戀魂」、「理想的彩雲」正好點出了徐志摩劍橋詩中第一類作品的主要內容。徐志摩初期的詩歌受到浪漫主義的強烈影響，其表現之一，就是強調詩人與詩歌的作用。浪漫主義詩人從人類和社會本質的高度理解詩，華茲華斯說：「詩是一切知識的開始和終結」。雪萊說：「詩是一切事物之完美無缺的外表和光澤」。德國浪漫主義詩人諾瓦利斯認為，詩不反映人生，而創造人生。此外，浪漫主義作家把注意的重心轉向人的內心世界，努力去挖掘了這個「內在的宇宙」。浪漫主義詩人還喜歡把精神生活和外部生活對立起來，他們相信精神生活遠優於外部生活，因為它遵從超功利原則，更合乎人的目的性。在他們眼中，現實世界充滿暴力、庸俗、道德

敗壞、追名逐利等醜惡現象，詩性世界作為玄遠飄渺的所在，成為他們追求的理想。〈草上的露珠兒〉和〈夜〉是徐志摩表詩人之尊，明詩人之志的兩篇作品。〈草上的露珠兒〉中稱詩人是「時代精神的先覺者」、「思想藝術的集成者」、「人天之際的創造者」，他祭出詩人的三大法寶：創造、想像、靈感，呼喚詩人在萬物復甦的春天裏，開放自己「創造的噴泉」，暢快地噴吐，盡情地高唱。而事實上，抒情主人公正在為詩人、為詩的普世的、超拔卓越的價值而放聲歌唱。他把大自然中最美好的物象風景都收納到對詩歌和詩人的歌詠之中。詩人是雲雀，是「萬丈虹」，他靈感如泉湧，「吐不盡南山北山的璠瑜，／ 灑不完東海西海的瓊珠。」〈夜〉是一篇馳騁想像力的佳作。詩人溯時間長河而上，離開二十世紀喧囂墮落的「不夜城」，飛到一百多年前湖畔詩派的故鄉，隨後又來到幾百年前中世紀時期海德堡的一個狂歡舞會上。詩人的幻想繼續馳騁，前往「不知幾十世紀的一個昏夜」，那是古希臘的神話時代。經過十年圍城，希臘聯軍終於攻陷了特洛伊，奪回了海倫。希臘人歡呼著他們的統帥阿伽門農的名字。詩人的幻想隨即離開古希臘時代，繼續前溯，來到原始人類的穴居時代。在那「不知無量數的世紀」的一個黑夜，腰圍獸皮樹葉的原人們聚攏在篝火旁，燒食著獸肉。就這樣，詩人借幻游親歷幾個典型的瞬間，勾畫了一部人類發展史的大致輪廓。然而，徐志摩的真正用意並不是要客觀描述人類發展史，他憑藉幻想巡遊於其中，是要表現詩人與詩的創造，及其創造的意義。在〈夜〉的第一節，徐志摩讚美夜，他説夜是「無所不包」，是母親溫柔的懷抱。在靜謐的黑夜，他聽出了「宇宙進行的氣息」，「也聽出我自己的幻想」，「感受了神

秘的衝動」。於是，他出發「去尋訪黑夜的奇觀」，以及「更玄妙的秘密」。夜是詩的神奇孕育者。詩情在黑夜爆發，詩人在黑夜誕生。徐志摩的〈夜〉與德國浪漫主義詩人諾瓦利斯的〈夜的頌歌〉頗有可比之處。後者就把夜看作宇宙之母、萬物源泉。詩人的未婚妻已死，他在墳塚旁憑弔，感到形隻影單和心的孤寂，以致倉皇恐懼。但隨著夜的降臨，他的憂傷消逝了，「有限」的塵世也消逝了，代表永恆和無限的天國出現在他的面前，他和未婚妻在夜的光輝中重逢，「流下對新生感到喜悅的眼淚」。但〈夜的頌歌〉是悼亡之作，全篇精神萎靡，感情頹喪，徐志摩的〈夜〉則充滿昂揚振奮之氣。在〈夜〉的第二節，抒情主人公的幻想飛出雲天之外，來到大海邊。他「一頭的長髮，散披在肩上，在微風中顫動；／ 他的兩臂，瘦的，長的，向著無限的天空舉著」，在向大海、向天空祈禱，祈禱造物主賜予他靈感和創造力。一顆「明星似的眼淚」流出，他感動了造物主，於是一個詩人出世了。詩人是偉大的，「他喚醒了海，喚醒了天，喚醒了黑夜，喚醒了浪濤」，於是，明月當空，「一陣威武的西風，猛掃著大海的琴弦，開始，神偉的音樂。」在經過第三、四節對人類歷史的幻遊之後，這個稚嫩的詩人又感到迷失在無極的宇宙深處，找不到前進的方向，也找不到返回的歸路。正在惶惑之際，上帝顯靈，教導他：「不要怕，前面有我。」神為他指路，告訴他人生之路。與其說徐志摩在借助上帝的力量尋找前進的方向，毋寧說他對自己作為一個詩人的自信和自勉：

你要真鎮定，須向狂風暴雨的底裏求去；

你要真和諧，須向混沌的底裏求去；

你要真平安，須向大動亂，大革命的底裏求去；

你要真幸福，須向真痛苦裏嘗去；

你要真實在，須向真空虛裏悟去；

你要真生命，須向最危險的方向訪去；

你要真天堂，須向地獄裏守去。

　　王統照在編輯這首詩時，寫下一句附言：「志摩這首長詩，確是另創出一種新的格局與藝術，請讀者注意。」的確，這首詩不過是寫詩人的創生，詩人的偉大和力量，但全篇想像力奇絕，感情純真高潔，佈局嚴謹，表現了徐志摩對自己未來人生之路的選擇、人生使命的自覺承擔，自我在宇宙間的重新定位，它的氣勢、力量都是可驚的。

　　徐志摩在英國期間愛上了林徽音，並與張幼儀分手，這段感情糾葛是他的劍橋愛情詩靈感的主要來源。〈笑解煩惱結（送幼儀）〉實際上是給張幼儀的一紙「休書」。徐志摩把他與張幼儀的婚姻當成父母之命，媒妁之言的封建包辦婚姻，他鼓勵張幼儀與自己一起徹底了結這筆「糊塗賬」，解開這「煩惱結」，各自去追求自由的生活。問題是，張幼儀萬里之外來投奔他，徐志摩卻用「鼓勵」掩飾自己的遺棄，在道義上沒有承擔起應有的責任。因為這樣的背景，此詩讀來不免讓人生出「虛偽」之感。〈你是誰呀？〉從內容上看，似乎涉及徐志摩與張幼儀之間的恩怨糾纏。詩中的「你」滿臉憂傷，神情憔悴，眼淚已經哭乾，是一個可憐的被遺棄者的形象。而「我」，起初假裝

並不知道「你」為何人，不可回避之際，才「依稀」記起「你我的關係」。但立即又狠心地說：「再休提起：你我的友誼」，從此天各一方，形同路人。「你是誰呀？」本是對登門的陌生人說的話，對友人甚或妻子說此話，意味著恩斷義絕。此話第一次說出，有警示的意思，最後「我」又一次警告「你」，不要讓我說出第二次。

眾所周知，徐志摩追求林徽音並不順利。而失戀的痛苦激發徐志摩寫出不少不錯的愛情詩。〈私語〉寄情於秋雨秋葉。飽受風霜的柳葉急切地向落下來的秋雨喃喃傾訴三秋的情思情事。但秋雨看似有情卻無情，一陣輕敲慢拂，殘葉被掃落潭中，又隨秋波而去。那三秋的情思情事也凋零在清冷的秋意之中。〈小詩〉從中國古典詩意中取喻，把月亮當成愛情的證人，請月亮為自己的癡情作證。詩人為愛屢受傷害，每每以淚洗面。他要求月亮把自己的情淚記錄在專登「淚債」的「哀情錄」上，以證明自己對情人的一片癡心。徐志摩選取兩個場景。第一節，詩人是「含羞」地向月亮請求，以證明自己的愛，那淚一定是預備為歡喜、感動而流的。第二節，在一年後，傷痕累累的詩人又來向月亮訴說，請月亮清查一下自己一年來所流的「滴滴清淚」，看這「淚債」是否清了舊欠，還是又加了新帳。不過，這一次的眼淚卻是為情人的負心而流的。〈月夜聽琴〉中，月光下，松影間，琴聲如泣如訴，詩人被柔美的琴音感動，未見歌者，就已經和他心心相印。詩人知道歌者的女友離他而去，才會通過琴音把自己的悲傷傾訴。詩人在心中安慰歌者，女友的離去並非是負心，而是有不可抗拒的外部原因。其實，詩中的歌者正是詩人的自況，詩人通過把自己的愛情經歷物件化，使內心的痛苦得到疏解。無果的愛情雖然痛

苦，但這經歷對人而言，仍是寶貴的。推而廣之，戀愛還是「人類的
生機」所在，有愛，人生才更加豐富，世界才更加美好。

徐志摩的劍橋愛情詩，不全是表達私人情感，他也力圖在更普
遍、更抽象的意義上描寫愛情。〈人種由來〉借《聖經》中亞當和夏
娃的故事，表現情慾的原初性和不可遏制。生活在伊甸園裏的亞當
和夏娃原來信念單純，生活純粹安逸。但被蛇引誘後，心眼清明，懂
得了情慾。徐志摩此詩還很不成熟，但用意卻是十分明確的。〈情死
（*Liebstch*）〉用玫瑰比戀人，這意象的應用不免俗套，但詩人的感
受細膩而複雜。玫瑰天生麗質，豔壓群芳，色香迷醉。隨著一夜的雷
雨，她以嬌豔無比的姿容從天國降臨到人間，深深地誘惑著詩人。詩
人明知愛情之途充滿兇險，哪怕跳進無底深遠，仍死心塌地甘願做愛
情的俘虜。在詩中，玫瑰扮演的是誘惑者的角色，它香豔、肉感，對
我產生了強大的吸引力。但同時，詩人因為愛，也激發出主體強大的
能動性，他用力將玫瑰「擒捉在手內」，於是，「色，香，肉體，靈
魂，美，迷力──盡在我掌握之中。」為了愛，詩人願意受傷，甚至
去死。於是，「花瓣，花萼，花蕊，花刺，你，我，……／膠結在一
起；一片狼藉的猩紅，兩手模糊的鮮血。」〈情死（*Liebstch*）〉因
為有演繹瓦格納同名歌劇的意思在裏邊，受此限制，徐志摩把玫瑰的
形象寫得成熟、豔麗，有提升和客觀化的努力，卻未必與自己的體驗
完全一致。

徐志摩的劍橋詩也表現了他的政治抱負和社會理想。〈聽瓦格納
（Wagner）樂劇〉雖然是描述自己聆聽德國偉大音樂家理查·瓦格
納（Richard Wagner，1813～1883）音樂後所受的強烈震撼，我們

也未知徐志摩具體聆聽了瓦格納哪些曲目，但顯而易見，他從中聽出了「雷霆霹靂」、「駭浪驚濤」、虎嘯龍吟、天崩地裂，聽出了普羅米修斯式的反叛和擔當，對性愛的張揚，對藝術家作為人類偉大精神揭示者的讚頌，並從這些強悍、悲壯的樂曲中受到極大鼓舞和振奮。與瓦格納宏大、崇高的音樂相應和，徐志摩的這首詩一反劍橋詩一貫的優雅、清麗，展現了剛健、雄邁的風格。〈青年雜詠〉把〈聽瓦格納（Wagner）樂劇〉中的浩然之氣落到了實處。它以青年為歌詠對象，點出當代青年的三大特徵：悲哀、夢想、革命。沉湎於悲哀是青年之不幸，它使青年容易顧影自憐，少年老成。有夢想才有希望，夢想使青年獲得了一顆自由心，滌蕩掉了身上骯髒污穢，以赤裸潔淨之身，在夢之潮水中奮勇前進。夢想雖然模糊，但能看朝霞晚霞，看漫天星斗，是真正的「大自在」。革命是青年實現夢想的必由之路。封建的倫常禮教需要革命去打破，支離破碎之中華民族，需要革命實現偉大的復興。有誰能力挽狂瀾，只有青年堪當此任。拋棄悲哀，胸懷夢想，投身革命，這是徐志摩的自勉，也是對中國青年發出的號召。但遺憾的是，徐志摩在〈聽瓦格納（Wagner）樂劇〉和〈青年雜詠〉中展現的凌雲豪氣，到了〈悲觀〉中，已經是強弩之末。顯然是受愛情失意的影響，「詩心，戀魂，理想的彩雲」，都似晚春的玫瑰凋零了。〈悲觀〉一詩充滿虛無主義色彩。在詩人眼中，芸芸眾生沉溺於享樂，或互相廝殺，已經不可救藥，他們向神禱告並不能拯救墮落的靈魂，況且偶像崇拜本來就是騙人的把戲。「幻象破，上帝死」，詩人只感到宇宙四大皆空。

二

　　徐志摩的劍橋詩中，明確以劍橋風景人事為歌詠物件的，共有六首，它們是〈夏日田間即景（近沙士頓）〉、〈春〉、〈沙士頓重遊隨筆〉、〈康橋西野暮色〉、〈康橋再會罷〉、〈再別康橋〉。通過這些詩，他抒發了對劍橋自然美景的熱愛之情，也抒發了他離別劍橋時的依依不捨之情。

　　1921年夏徐志摩離開莎士頓，搬到劍橋大學校區。1922年春，徐志摩重回莎士頓，訪問故地、老友和鄰居，留下了〈夏日田間即景（近沙士頓）〉和〈沙士頓重遊隨筆〉兩首詩作。莎士頓對徐志摩

劍河下游牧場

劍河下游牧場

曾是一個傷心地，但一年後舊地重遊，對它卻多了一份眷戀和熱愛。〈夏日田間即景（近沙士頓）〉呈現的是一幅恬淡、從容、優美的田園風光圖：「柳條青青，/南風薰薰， /幻成奇峰瑤島/一天的黃雲白雲，/那邊麥浪中間，/有農婦笑語殷殷。」隨後是與農婦的問答。詩人關切地詢問：「豌豆肥否」？「楊梅可有鳥來偷」？梅夫人進城「有新聞無有」？農婦顯然對自己目前的生活十分滿意，因為「我們家的如今好了」，不再「逞酒使氣」，也知道疼愛妻子兒女。詩歌娓娓寫來，道些尋常家務瑣事，平淡間有閒適、愜意在，頗得傳統田園詩的真傳。開頭和結尾「柳條青青，/南風薰薰」等六句的重複，起到了一種還原作用，把詩人與農人間「話桑麻」的一次對談，鑲嵌到常態的自然風物中去，加強了春和景明的效果。〈沙士頓重遊隨筆〉

同樣寫重遊莎士頓的感受，但落筆的重點略有不同。「滿田的青草黃花」令詩人賞心悅目，但一年來與張幼儀離婚，追求林徽音不得，種種愛恨恩怨糾葛，又令詩人心灰意冷。年輕人需要戀愛的滋潤，而自己「一年來也無非是煩惱跟蹌」，以致「白髮騈添」，「眉峰的愁痕未隱」。在詩的第一節，詩人把自己的愁苦心緒和「滿田的青草黃花」的歡欣加以對照：青草黃花有晨風陪伴，有星辰日月關照，有羅裙美髮女郎愛憐，自己卻像無人關切的羔羊一樣，只能獨自「憂傷岑寂」。詩的第二節，「最仁慈公允的陽光」引起詩人對往事的追憶。陽光普照萬物，關愛萬物，也溫暖了詩人受傷的心。第三、四、五節，詩人跳出個人情感的小天地，把目光投放到鄰居一對老夫妻、一位十八、九歲的女郎、以及一位衣衫襤褸的老翁身上。老夫妻將在今年秋天舉行金婚紀念，他們幾十年如一日，形影不離，足不出村，滿足於房前屋後的田園勞作生活。女郎站在「灰色牆邊的自來井」前栗樹的濃蔭下，見到詩人，她啟齒一笑，叫一聲你好。半尺多厚乾草鋪頂的茅屋前，照例像以前一樣，站著一位襤褸的老翁。持續的咳嗽，紅腐的眼睛，長長的口涎，說明老人的生命已經朝不保夕。〈沙士頓重遊隨筆〉第五節描寫病中老翁的「可憐相」，與前四節在氣氛上似乎有不銜接之處，但這其實是讀者的錯覺。讀者不可以為第五節是在同情那位病中老翁的悲慘境遇，事實上，徐志摩在此對待老翁的態度，與華茲華斯〈坎伯蘭老乞丐〉、〈孤獨的收割人〉、〈我們共七個〉等詩篇中對農人的態度一樣，把他看成上帝的造物之一，表達的是對老人卑微卻莊嚴的生命的敬意，傳達的是難以言傳的溫愛。總體而言，〈沙士頓重遊隨筆〉中的大自然浸染、深入到普通人的日常生

活中，親切而溫潤，喚起的是寧靜、欣悅、憂傷的情緒，具有抒緩、撫慰心靈的作用。詩人也正是在這樣的自然當中，心靈得到平復。

〈春〉寫劍河兩岸濃郁的春景春情春意。詩人在春草中走走看看，但見「樹盡交柯，草也駢偶」，處處情侶「情意膠膠，情話啾啾」。萬物成雙成對，唯獨詩人自己形隻影單，但他並不覺得傷感，反而得意於自己「孤獨的徘徊」，因為春天點燃了詩人的希望，讓心頭「熱奮震顫」，自己把整個春天擁抱在懷中。〈康橋西野暮色〉描寫的具體場景是劍河西岸。徐志摩時代的劍河西岸，仍然被大片的牧場、農田、森林所覆蓋。詩人選取劍橋一年中最美的春季，一天中最美的黃昏，把夕陽下瞬息萬變、風儀萬千的美景渲染得淋漓盡致。徐志摩從時程和物景的「變」入手寫劍橋的暮色。當「大紅日掛在西天」之時，有「紫雲緋雲褐雲」之變，有「南天北天暗暗默默/東天西天舒舒闊闊」之變。不久「一顆大膽的明星」掛上了天空，像驕矜的小艇漂漂灑灑在雲海中穿行，看暮焰把一切塗成金色，隨後又漸漸沉銷。田壟地頭陌上，是荷鋤歸家的農夫，是白衣紅腮的女郎。夕陽落入了地平線，天空最後的幾縷紫氣褪去，星斗滿天，村屋一盞一盞亮了燈，萬物沉入睡。從夕陽到日落再到夜晚，這千金一刻在徐志摩筆下得到層層展開，從燦爛開始，到沉寂收束。

〈康橋再會罷〉和〈再別康橋〉是向劍橋道別，其中〈康橋再會罷〉寫的是徐志摩1922年結束學業回國之際第一次向劍橋道別。徐志摩以「康橋，再會罷」總領全篇，在詩中他一一歷數了劍橋的自然美景，深情地追憶了劍橋生活對自己靈魂上的滋養，依依不捨之情溢於言表。全詩第一節首先簡略回顧了自己四年多海外遊學經歷，

劍河下游牧場

表達了渴望歸家的思鄉之情。在回鄉前夕，自己最大的收穫是什麼？徐志摩寫道：「在知識道上，採得幾莖花草，/在真理山中，爬上幾個峰腰。」但隨即，徐志摩否認從西方，尤其是美國的「樓高車快的文明」中受益，反而棄之如敝屣，認為沒有被其玷污，是自己的幸運。也正因為如此，他才能與「古風古色，橋影藻密」的劍橋「袒胸相見」，從中汲取豐富的營養。隨後的兩節詩描述了他從劍橋受益的具體細節。他稱劍橋是自己的「精神依戀之鄉」，「生命的泉源」，在臨別之際，他把自己的感動、祝福和深深的愛，毫無保留地獻給了劍橋，並且表示，來年春暖花開之際，如果有機會，自己還會重返劍橋，「再撿起詩針詩線，/繡我理想生命的鮮花」。全詩感情真摯，辭藻華麗，意象綿密。

徐志摩的傳世之作〈再別康橋〉寫於1928年第三次訪問劍橋後的歸國途中。它最初刊登在1928年12月10日《新月》月刊第1卷第10號上，後收入《猛虎集》。在所有徐志摩的詩文中，〈再別康橋〉無疑是最有名的一篇。中國的現代文學史，也因為有了〈再別康橋〉的存在而更加具有神采。

對詩歌的品讀，去坐實它並不是最好的辦法，但如果要尋找詩人情感的邏輯線索，恢復其中的原型，又不失為一條捷徑。毫無疑問，徐志摩在〈再別康橋〉中所吟唱的是劍河的中游。因為上游過窄過淺，下游則被競賽的划艇和遊艇佔據著，只有中游這一段才有用篙撐的船。我們可以想像，詩人撐一隻長篙（其實他並不會撐船），從騫斯德頓水壩附近出發，「漫溯」而上，見兩岸「金柳」依依，河中水草「招搖」。經過三一橋、歎息橋、數學橋等多座小橋，來到「榆蔭下的一潭」──磨坊潭。時間從黃昏漸入夜晚，在「星輝斑斕」中，激動的詩人真想「放歌」，但最後他選擇以「悄悄」作為「別離的笙簫」，揮手作別「康橋」。

〈再別康橋〉之美，在於它選取了英國最美的季節──春夏之交。他在〈我所知道的康橋〉中說，欣賞劍橋需要挑時辰，因為「英國的天時與氣候是走極端的。冬天是荒謬的壞，逢著連綿的霧盲天你一定不遲疑的甘願進地獄本身去試驗；春天（英國是幾乎沒有夏天的）是更荒謬的可愛，尤其是它那五六月最漸緩最豔麗的黃昏，那才真是寸寸黃金。在康河邊上過一個黃昏是一服靈魂的補劑。」〈再別康橋〉以及其他詩文，描寫的時辰大都是五六月的黃昏。所謂「西天的雲彩」也有來歷，一方面，它指中國人概念中的「西方」，另一方

劍河放舟

面，還指西天的晚霞，因為晚霞最美。
另外，劍河中游這一段，它的後花園，
它的河，都在幾個學院的西邊，夕陽西
下，彩霞滿天，風景無限。

　　〈再別康橋〉之美，在於它精煉、
提純、節制的功夫。徐志摩在〈康橋
再會罷〉、〈康橋西野暮色〉等詩中，
對劍橋優美的景致如數家珍：「星鱗壩
樂」、「牧地黑野」、「塔寺鐘樓」、
「白水青田」、「屋頂煙突」、「垂柳
婆娑」等，多達數十種，物景意象非

劍河放舟

劍河放舟

常綿密。而反觀〈再別康橋〉，我們不能不驚歎它在提煉上顯現出的精湛功夫。其他幾首詩，幾乎一行數景，〈再別康橋〉卻不是以物象之多取勝。全詩七節，主要捕捉了五個核心物象：「西天的雲彩」、「河畔的金柳」、「軟泥上的青荇」、「榆蔭下的一潭」、「星輝斑斕」。每個物象都有充分的延展，給人以紓緩、從容之感。此外，「西天的雲彩」與另外四個意象不在同一個層級上，它比它們高，是點睛之筆，是對另外四個意象的提煉和概括。〈再別康橋〉節制的工夫也十分了得。此前寫的〈康橋再會罷〉等作品中，徐志摩對劍橋禮贊之高，之直白，簡直達到了無以復加的地步，而在〈再別康橋〉中，這種讚美則收斂了許多。不是說徐志摩對劍橋的情感不再強烈

了，而是表達的方式沉潛了。華茲華斯說：「詩歌是強烈感情的自然流露」，徐志摩對此自然是奉為圭臬的。但同時華茲華斯又說，詩歌要寫「回憶起來的情感」。徐志摩在詩歌創作過程，也逐漸領悟到其中堂奧。華茲華斯〈我獨自漫遊像一片雲〉（又譯為〈詠水仙〉）是他詩論的出色實踐。詩人獨自在英國西北部湖區漫遊時，忽然發現湖邊一大片金黃色的水仙在微風中搖曳起舞。大自然的美景雖然令詩人陶醉，但當時他並未感到這景象給自己帶來多少啟悟。只是在多年以後，詩人再次回憶起那些黃水仙，孤寂無聊的心中才充滿了天堂般的快樂。大自然能給人雙重的美感，即親歷時的美感和回憶時的美感，後者比前者更持久，更深廣。華茲華斯這一認識是和他的哲學觀念聯繫在一起的：成人雖越來越遠離神性，但生命之光沒有完全熄滅。他只要與大自然親近，就能夠重返天真時代，重新獲得神的眷顧。徐志摩在〈再別康橋〉中，表達的就是「回憶起來的情感」。經過歲月的洗

劍橋的黃昏

夕陽下的金柳

練，詩人的回憶保留下來的是最精粹的
部分，其質地、內涵也獲得了大幅度提
升。

　　〈再別康橋〉之美，在於它的異
國情調與古典意境的完美統一。所謂
「異國情調」（exoticism），主要是指
外來的、奇異的事物，它通常與旅行
者進入一個陌生的、與自身文化迥異
的環境，或他者文化進入到自我文化
中來所引起的觀感聯繫在一起。異國

劍河中的水草

情調是文學史、中外文學史表現的一個「常數」，借助於它，不同民族間的文化得到了對比、融合、甚至置換的機會。〈再別康橋〉之所以有「異國情調」，因為它是一位中國詩人寫英國劍橋的詩，對其背景的聯想會令讀者自然地進入一種異國情調所喚起來的感受當中。需要加以分析的是「古典意境」。相信中國讀者讀這首詩，會完全沉浸到中國古典詩歌所營造的意境中去。為什麼這麼說呢？詩中的幾個關鍵意象：「金柳」、「青荇」、「榆蔭」、「浮藻」等都是中國古典詩詞中常見的意象。古詩中寫柳的佳句比比皆是，如：「又是江南三月天，雙雙燕舞柳含煙」，「最是一年春好處，絕勝煙柳滿皇都」，「草長鶯飛二月天，拂堤楊柳醉春煙」。寫荇：「已漂新荇沒，猶帶斷水流」，「漾漾泛菱荇，澄澄映葭葦」。寫榆：「榆柳蔭後簷，桃李羅堂前」，「榆柳蕭疏接閣閑，月明直見嵩山雪」，「雞犬散墟落，桑榆蔭遠田」，「日暮閑園裏，團團蔭榆柳」。寫藻：「魚在在藻、有莘其尾」，「於以采藻？於彼行潦」，「羈禽響幽谷，寒藻舞淪漪」。此外，貫穿全詩的河上行舟，也是古典詩詞的熱衷歌詠的物件：「竹喧歸浣女，蓮動下漁舟」，「不見漁舟唱暮靄，幾葉蔥翠伴花生」，「落日山水好，漾舟信歸風」，「漁舟逐水愛山春，兩岸桃花夾古津」。此外，「金柳」、「青荇」、「榆蔭」、「浮藻」的依次出現，展現的是活脫脫的煙花三月江南春景，喚起的是「楊柳岸，曉風殘月」的冶遊感受。事實上，正是徐志摩以古典意境，寫劍橋物事，通過用熟悉置換陌生，完成了對「康橋」的藝術再創造。

　　儘管國內學者品評〈再別康橋〉的文章汗牛充棟，可絕無追究詩中意象真偽的。但事實上，徐志摩為了刻意追求古典意境，竟然在

意象的選用上作偽。「金柳」的英文是Golden willow，也就是國內常見的垂柳，在劍河中游這一段，這是最多的一個樹種。「金柳」一方面可以當成樹名解，在視覺上，垂柳沐浴著夕陽，也是燦爛如金。所以，「金柳」這一意象的選用是極其精彩的，既反映了劍橋的物景真實，又與中國古典詩詞意象相合。至於其他幾個意象，則要另當別論。先說「青荇」。青荇學名叫荇菜，龍膽科荇菜類，葉互生，葉心狀橢圓形，近革質，葉背帶紫色，傘形花序腋生，6～10月開黃花，屬於湖泊水澤中常見的浮水植物。而〈再別康橋〉中寫青荇的句子是「軟泥上的青荇，/油油的在水底招搖」，這與青荇的植物特性是不符的。青荇不可能紮根在軟泥上，也不會在水底「招搖」。隨後徐志摩寫自己甘願作劍河中的「一條水草」。這裏的「一條水草」，是呼應前邊出現的「青荇」的，但顯而易見，其量詞「條」用來指代青荇也不妥當。那麼，徐志摩誤以為青荇的水生植物到底是什麼？我作過多次實地考察，沒有在劍河上見到青荇。在翻閱了不少植物圖志後，發現徐志摩寫到的所謂「青荇」，其實是另一種劍河中常見的水生植物──菰。菰屬於挺水類水生植物，禾本科菰屬，葉扁平，帶狀披針形，先端芒狀漸尖，基部漸窄，中脈在葉背凸起，圓錐花序。它的根紮在河床的軟泥上，柔波蕩漾時，就會「油油的在水底招搖」。因為是長條形，用「一條」來形容是適當的。徐志摩在〈我所知道的康橋〉中，也寫到這種水草：「水是澈底地清澄，深不足四尺，勻勻的長著長條的水草。」

　　再說「榆蔭」和「浮藻」。劍河中游兩岸樹種很多，有柳樹、楊樹、懸鈴木、楓樹、欅樹、七葉樹、榛樹等，唯獨不見榆樹。不是說

英國就沒有榆樹，英國的榆樹叫英國榆（elm），與中國常見的榆樹不
太一樣，葉子比較闊大；而且劍河的這一段看不到英國榆。所以，不
會有什麼「榆蔭下的一潭」。「浮藻」多生於池塘的腐水中，是水質
富營養化的產物。劍河之水是活水，一年四季在流淌，清澄見底，所
以浮藻很少見到。在夏天最熱的時候，如果上游來水少，劍河的回水
處或旁邊的溝岔裏，偶爾有浮藻滋生，但這不是劍河的常態。

　　徐志摩錯植意象，與他的植物學知識明顯不足有很大關係。另
一個例子是〈我所知道的康橋〉一文中，徐志摩錯把王家學院後花
園中橋邊那棵參天大樹叫「椈樹」，在〈雨後虹〉中，又說那棵樹
是「橘樹」。其實，那棵樹既不是「椈樹」（柏樹的別名），也不是
「橘樹」，而是櫸樹。可能是因為「櫸」與「橘」、「椈」同音，
徐志摩弄錯了。櫸樹是英國常見樹種，現在那棵高大的櫸樹仍守護著
王家學院的後花園，為我們實地勘察提供了方便。有人可能會懷疑我
考證的確切性。徐志摩畢竟是上個世紀二〇年代去的劍橋，你怎麼能
拿現在的景觀去對應呢？其實，在劍橋的存在物，都是以幾百年的時
間衡量的。在三一學院大門上方，有一個亨利八世的雕像。這位國王
的右手本該握著一根權杖，但不知被哪一位調皮的學生掉了包，換成
了一把椅子腿。錯了就錯了吧，它幾百年了，還在那裏，也沒有人去
說改革一下。河邊的那棵櫸樹，要三四個人才能抱得住，該不會是幾
十年裏長出來的，總有幾百年的歷史了。我想，徐志摩看到的，也就
是我看到的。徐志摩錯植意象的另一個更重要的原因，與他用古典詩
詞意象歸化異域風物有關。這是他美學上的自覺追求。「菰」也罷，
「櫸」也罷，在中國傳統文化中，它們是陌生之物，引不起相關的文

化和詩意的聯想。而「金柳」、「青荇」、「榆蔭」、「浮藻」則一下子把讀者拉入到江南水鄉田園詩畫的意境中去了。將異域物景「熟悉化」，是製造「異國情調」的重要手段之一。徐志摩這樣做，正可謂「夢裏不知身是客，錯把他鄉當故鄉」了。但誰又能說徐志摩沒有把劍橋當成自己的精神故鄉呢？那是哺育他成長的地方！更何況，劍橋優雅、明媚的自然田園風景，與徐志摩家鄉的環境，與他那江南才子型的性格又是多麼契合啊！老實說，在中國現代作家中，把外國說得和故鄉一般好，徐志摩是第一個。朱光潛、老舍、朱自清、蕭乾都曾到過英國留學，但留下來的文字多內斂平淡，罵的多，感到疏離的多。像他這樣一派天真的沒有。但惟其如此，我們在今天才能夠讀到這首美妙的詩作。

　　劍橋把徐志摩培養成一位傑出的詩人，也讓他寫了自己最好的詩。

第五章

徐志摩的劍橋交遊

徐志摩是一個喜歡交際，而且善於交際的人。他到達倫敦後不久，就給父親寫信，說自己「喜與英國名士交接」，到劍橋後徐志摩的交遊更加廣泛。徐志摩當年在劍橋時的一個朋友，著名文學批評家，劍橋大學英語系的創始人之一理查茲曾給香港學者梁錫華寫信說，徐志摩經常穿著中國長袍飄然出入眾學院之間，也經常手挾中國書畫手卷，跟老師同學高談闊論；又說徐志摩朋友滿劍橋，特別在王家學院，他是一個相當有名氣的人物。理查茲的話絕不是虛言，有徐志摩給奧格頓的信為證：

狄老（Goldie，即狄更生——筆者注）和亞瑟·韋利（Arthur Waley，1889～1966）不久前讓我振奮了一下子。蘭姆瑟（Frank Plumpton Ramsey，1903～1930）有一段時間沒有消息了。瑟伯斯坦（Sebastian，即Walter John Herbert Sprott，1897～1971）有一兩次胡亂寫了幾筆，其他人則音訊全無。

我真的很想聽到劍橋的消息。只要是英國信封的款式和味道就能讓我激動，更不必說大家的字跡了。為什麼理查茲（Ivor Armstrong Richards，1893～1979）和福布斯（Mansfield Duval Forbes，1889－1936）從未有片言隻語？還有伍德（James Edward Hathorn Wood）和布瑞斯維特（Richard Bevan Braithwaite，1900～1990）？當然，我自己也從未給他們寫信，但請代我向所有這些朋友問好，讓他們知道，如果他們肯經常屈尊施愛與我，他們會發現我不是毫無感激之情的。

　　這是筆者最近發現的徐志摩寫給奧格頓的六封英文書信中的一段。在徐志摩給奧格頓的信披露之前，我們已經知道他與哲學家羅素夫婦的通信保存有七函，與藝術家、美學家羅傑‧弗賴的通信存有四函，與漢學家韋利的通信存有一函，這些信見證了他與這些劍橋著名人物深厚友誼。他與學者狄更生雖然沒有書信留下來，但其他資料顯示，他們的關係非同一般。此外，他與鮑惠爾小姐也是好友。但這封信提供了一批新的名單，把徐志摩在劍橋的交遊圈子進一步擴大了。細查這些劍橋學者的來歷，結果不禁令人吃驚。這些人物中的絕大多數都在相關領域作出過突出貢獻，青史留名。上個世紀二十年代是劍橋大學人文學術的黃金時代，名家薈萃，群英輩出。我們可以說，徐志摩是這個黃金時代的見證人；在某種程度上，我們甚至可以說，他是那個黃金時代的參與者。本章重點梳理徐志摩與狄更生、弗賴、羅素、奧格頓的交遊，進而闡述這種交遊的文化史意義。

徐志摩與狄更生

狄更生（Goldsworthy Lowes
Dickinson，1862～1932）是徐志摩
到英國後結交的第一位英籍學者，林
徽音的父親，前中華民國財長林長民
是他們的牽線人。徐志摩在〈我所認
識的康橋〉一文中說：「狄更生——
Goldsworthy Lowes Dickinson——是一
個有名的作者，他的《一個中國人的通
信》（*Letters from John Chinaman*）
與《一個現代聚餐談話》（*A Modern
Symposium*）兩本小冊子早得了我的景
仰。我第一次會著他是在倫敦國際聯盟
協會席上，那天林宗孟先生演說，他做
主席；第二次是宗孟寓裏吃茶，有他。
以後我常到他家裏去。他看出我的煩
悶，勸我到康橋去。」[註1] 我們都知道
後來的事情：徐志摩在狄更生幫助下，
得到一個在劍橋大學王家學院讀特別生
的資格，就此開始了劍橋生活。

狄更生何許人也？他在英國歷史
上雖算不得一位偉大人物，卻也是鼎

狄更生

鼎有名。他是作家、歷史學家、政治活動家。他的主要著作除徐志摩提到的兩部外，還有《現代法國中的革命和反應》（1892），《十九世紀國會的發展》（1895），《希臘人的生活觀》（1896）等。此外，他還撰寫了大量的報刊文章，其中的一些結集為《宗教：批評和預言》（1905），以及《宗教和永恆》（1911），《國際無政府主義，1904～1914》(1926)等。

狄更生一生最輝煌也最忙碌的時期是第一次世界大戰及隨後的數年時間。狄更生痛恨戰爭，因為戰爭摧毀了他對於人類美好的希望。他認識到，國際間的無政府主義是招致戰爭的一個重要原因，於是在戰爭爆發後的頭兩個星期，他就呼籲建立一個國際聯盟，通過這一國際性組織，使國家間的爭端得到調解，避免今後再發生戰爭。我們都知道「國際聯盟」是聯合國的前身，但很少有人記得，是狄更生創造了「國際聯盟」這個術語。狄更生還在一個國際和平主義者的組織——Bryce group的創建中扮演了關鍵角色。這個組織後來成為國際聯盟組織的核心之一，設計了聯盟條約的基本條款。戰時及其後的數年間，狄更生都忙於國際聯盟的創建和運作，他為此撰寫相關的小冊子，發表演講，出席會議，奔走於英國各地，以及歐洲大陸和美國。在國內政治方面，他支持工黨，一度是工黨顧問委員會成員，負責國際事務。徐志摩在前文所提到的狄更生與林長民的交往，就與這類事情有關。徐志摩說自己到劍橋後，「狄更生常在倫敦或大陸上，所以也不常見他。」狄更生此時的忙碌，也與這類事務有關。

徐志摩到劍橋後，雖然不常見到狄更生，但他們的密切交往卻沒有因此受到影響。據與狄更生同一時代的英國學者回憶，「每當狄更

生在王家學院時，徐志摩就常在狄更生
的套房內閑坐聊天；但狄更生在歐陸的
時候也不少，當他不在時，徐志摩有
時仍然會到他的宿舍，坐在房門口凝
思。」[註2] 可見徐志摩對狄更生感情之
深厚。徐志摩結束劍橋學習生活回國
時，特意請畫家弗賴畫了一幅狄更生的
肖像留作紀念。

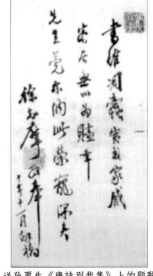

送狄更生《唐詩別裁集》上的題辭

　　回到中國後，徐志摩出於對狄更
生的景仰之情，不遺餘力地想把這位
中國文明的頌揚者介紹給中國讀者。
1923年，他在天津南開大學夏令班主
講英國近代文學，把狄更生的《一個
中國人的通信》與莎士比亞戲劇、《聖
經》、羅斯金的著作一起推薦給中國
讀者。他介紹狄更生的這部作品「盛
稱中國的文明」，稱讚它的文字「美得
未嘗有，一字不多，一字不少，好像澗
水活流一樣。」[註3] 徐志摩的話未免過
譽，但他對狄更生的感情是真摯的。徐
志摩1926年4～8月間日記輯錄了致江
紹原信的片斷，在此信中他向民俗學家
江紹原推薦狄更生到中國旅行時所寫的

遊記作品。信中説：「紹原！你記得狄更生先生記西山一個廟景的那篇妙文？他看到臉上搽著有厚度可量的脂粉的信女們，多半為了求早生貴子的動機，穿上桃的衣衫，到佛像前來禮拜，以及腦袋上嵌滿疤痕身披破袈裟的和尚在佛殿上做功課時，對於女客們含心理分析性的注視，再也忍不住感歎佛教在中國幾於不可信的墮落！」徐志摩向江紹原介紹的這篇遊記，名為〈北京〉，描寫在北京西山一座寺廟中所見所聞，屬於狄更生1912年到中國旅行後寫的系列遊記作品之一，後來收進他的《印象記》一書 註4。事實上，狄更生原文並沒有批評的意思，倒是對這些到寺廟進香的善男信女語含褒義。徐志摩看來是誤解了狄更生的本意。

回國後的徐志摩與狄更生書信不斷，友情更濃。1924年2月21日他給漢學家魏雷寫信 註5，告訴他「狄老寄來你新面世的大作，但我還沒有時間詳細拜讀。」魏雷在1923年出版有《中國畫研究導論》，未知狄更生給徐志摩寄的是否這部著作？但有一點是確鑿無疑的：作為前輩的狄更生，非常關心徐志摩的成長和需要。在參與由泰戈爾創意、恩厚之實施的「農村建設計畫」過程中，徐志摩也極力促請狄更生加入其中。因為狄更生對於東方的知識，並不限於中國，對印度同樣也有非凡的見解。他1912年到中國、日本、印度旅行之後，寫了《論印度、中國、日本文明》一書。上文提及的《印象記》一書，也包含了印度的遊記。徐志摩當然知道這一點。他在1924年1月22日給恩厚之的信中説：「我剛收到狄更生先生消息，他抱怨説你沒有去看他，也許你沒有時間。」1928年9月在給恩厚之的信中又説道：「狄老在杜倫等我，我在上船之先要去那邊。我會把你和你的偉大經營全

告訴他，也會勸他到你那邊跑跑，讓他親眼看一看。」1929年1月7日給恩厚之的信中，徐志摩詢問：「狄老到過達廷頓沒有？他最近來信說他會到你們的地方。」此時的狄更生已近古稀之年，叱吒風雲的年代已過。恩厚之對徐志摩的督促看來並不太熱心，這是否其中的原因呢？至於狄更生與「農村建設計畫」的具體聯繫，因為沒有更多資料，這裏就不便妄加揣測了。

徐志摩1925年重訪英國，與狄更生重逢。這一次狄更生介紹他去見自己仰慕已久的作家哈代。也正是因為有了狄更生的介紹信，哈代才答應見他[註6]。1928年，徐志摩第三次來到英國。他到劍橋訪狄更生未遇，經巴黎、杜倫、馬賽回國。狄更生得知徐志摩的消息，一站一站地追趕，最後在馬賽港與徐志摩相見，上演了最感人的一幕。

狄更生與徐志摩年齡相差三十五歲，來自不同種族，成名早晚有別，這些卻沒有能夠阻礙二人建立深摯的友誼，其主要原因，是狄更生對中國、對中國人民懷有深厚的感情。徐志摩提到的《一個中國人的通信》（1901）是狄更生最著名的一部作品，出版後引起了廣泛注意。狄更生在書中虛構了一個曾經長期在英國生活的中國人，寫信比較東西方文明。信中主要表達了對西方文明的不滿，痛斥了西方列強對中國的侵略，並為中國文化和民族性辯護。信的作者説：「我們對你們文明有著根深蒂固的懷疑和厭惡，這種情感現在是，也必將永遠是我們與西方關係中決定性的因素。你們將這種情感歸咎為偏見和無知，這很自然。但我事實上，我個人以為，這是出於理智。」又説：「我們的文明是世界上最古老的文明。這並不意味著它就是最好的文明，當然我也承認，這也不意味著它就是最壞的文明。相反，正因為

其古老，反倒證明這種制度保證了我們可以得享穩定，而這種穩定在你們歐洲各國中我們是無法找到的。我們的文明不僅是穩定的，而且我們認為，它還體現了道德秩序；可是在你們的文明中，我們看到的只是一種經濟上的混亂。」註7 作為一個地道的英國人，作為維多利亞女王的臣民，對近代積弱動盪的中國能夠有如此同情，對中國文化的潛在力量有如此深邃的洞察力，是令人肅然起敬的。有人以狄更生這部作品的虛構性加以指責，狄更生這樣回答：「我對你們講中國，不是因為我對中國有什麼瞭解，也不是因為我曾經訪問過這個國家，而是因為我在上一輩子就已經是中國人。」註8 狄更生的好友，著名作家E. M. 福斯特說狄更生「對中國的感情是深厚的」，「對中國充滿了同情」，「他的心屬於中國。」註9 絕不是妄言。狄更生寫《一個中國人的通信》時，的確沒有到過中國，只是到1912年，他得到一個基金會贊助，才有機會到中國旅行。狄更生後來與羅素一道出任庚子賠款委員會委員，為中國利益據理力爭，出了不少力。

徐志摩在1922年8月7日給羅傑‧弗賴的信中，深情地回憶起狄更生對他的恩惠：「我一直認為，自己一生最大的機緣是遇到狄更生先生。是因著他，我才能進劍橋享受這些快樂的日子，而我對文學藝術的興趣也就這樣固定成形了。」徐志摩如此感激狄更生，當然首先是因為他的介紹之功，但狄更生本人的人格魅力對徐志摩施加的影響也不容忽視。狄更生1988l～1884年在劍橋大學王家學院讀書，1887年起任劍橋大學王家學院的fellow，一直到他去世。狄更生能夠介紹徐志摩到劍橋大學王家學院作特別生，這一身份是十分重要的。Fellow翻譯成「院士」十分勉強，因為這個職位通常承擔的是學院內

部學生的教學和管理工作，並不是專門做研究。在劍橋大學，Fellow
都由資深成員擔任，是劍橋大學特色的一個重要體現。有了這個職
位，狄更生介紹徐志摩就有了著力點，更有機會在學業、教養、識見
等方面親炙作為「特別生」的徐志摩。狄更生是一個極具親和力、幽
默、樂觀、正直，富於愛心和同情心的人，懂得友誼，看重年輕人，
尊重他們的價值。而劍橋大學獨特的學院導師制度鼓勵導師與本科生
之間建立緊密的友誼。狄更生個人性格與制度的完美結合，譜寫了許
多佳話。隨著歲月的流逝，他作為一個學者的聲譽在降低，但是，他
與年輕人保持友誼的能力使他在去世後很多年仍被人們回憶起來。E.
M. 福斯特（Edward Morgan Forster，1879～1970）為狄更生寫過傳
記，英國作家維吉尼亞‧吳爾夫和她的丈夫倫納德‧吳爾夫（Leonard
Sidney Woolf，1879～1961）都評價過他的這一性格。我們都知道徐
志摩是朋友中間的「一團火」，接觸過他的人無不為他性格的親和力
所感染，這其中是否有來自狄更生的影響呢？

徐志摩與羅傑‧弗賴

　　羅傑‧弗賴（Roger Fry，1866～1934）是英國傑出的藝術家、
藝術活動家和藝術批評家。他1885～1889年在劍橋大學王家學院就
讀，是狄更生的院友，也是他極其親密的朋友 [註10]。1927年弗賴還被
劍橋大學王家學院聘為榮譽研究員。徐志摩與羅傑‧弗賴的交往，得
自狄更生的介紹。徐志摩在給弗賴的信中承認：「因著他，我跟著認
識了你。」[註11]

弗賴

徐志摩給弗賴的四封信，分別寫於1922年8月7日，1922年12月15日，1923年6月5日，以及1828年。其中第一封信的主要內容是在結束劍橋學業，即將回國之際，向弗賴表達感激之情。第四封信寫於徐志摩1928年第三次訪問英國後。寫信的目的，一則向弗賴道別，二則希望在臨走前去拜訪英國現代主義女作家維吉尼亞‧吳爾夫，請弗賴為自己引見。

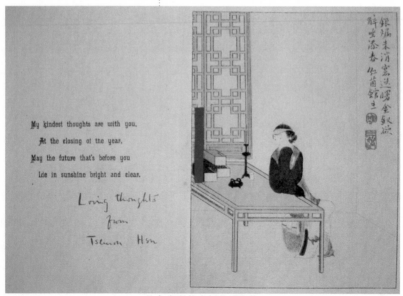

My kindest thoughts are with you,
At the closing of the year,
May the future that's before you
Ide in sunshine bright and clear.

Loving thoughts
from
Tsemon Hsu

徐志摩寄給弗賴的明信片

在寫於1922年8月7日的道別信中，徐志摩已經提及希望弗賴能到中國訪問。信中說：「但請你相信我，你要在西湖的柔波上一舟容與，調弄丹青的美夢，遲早一定會實現的。」要知道，徐志摩並不是出於禮貌客氣地隨便說說，回國後，他就開始著手邀請弗賴到中國訪問之事。1922年12月15日和1923年6月5日的二封信是告訴弗賴，邀請之事得到落實。徐志摩是通過由梁啟超等創建於1920年9月的講學社來邀請弗賴的。講學社的使命就是邀請各國學者來華講學，此前曾邀請過美國哲學家、教育家杜威，英國哲學家羅素來華講學，此後又邀請過印度文學家及詩人泰戈爾，都是一時之選。細心的徐志摩擔心弗賴一人孤單，還請狄更生和他一道來中國，二人可以結伴。徐志摩非常希望促成此事，他以熱烈的筆墨，向弗賴傾訴了渴望陪伴他的心情，描繪了中國南方春天的美景。他甚至不無誇張地說，如果他和狄更生能來中國，「無疑在溝通兩個文明這件大事上，開闢了一個新紀元。」

徐志摩通過講學社請弗賴到中國「演講美術」，當然有報答弗賴知遇之恩的意思，同時弗賴也的確是上乘人選。正如徐志摩在1922年8月7日給他的信中稱道他與狄更生都是「英秀超卓，在藝術和文學方面有了成就的代表人物」。弗賴最初進劍橋大學是學習自然科學，但在結識了一批劍橋有自由思想的人後，對哲學和藝術發生了強烈興趣。在1887年和1888年兩次學位考試失敗後，弗賴放棄了學習科學的打算，改學繪畫，取得了相當成就，他的一些肖像畫還被著名的英國國家畫廊收藏。

弗賴是一個畫家，但卻是以藝術批評家、藝術活動家和藝術教育

家著名，對英國美術和時尚的現代轉型做出過巨大貢獻。作為藝術批評家，他精通法國現代藝術，加上自己的藝術實踐，在此基礎上逐漸建立起自己的美學原則。弗賴的主要思想是反對藝術領域的現實主義傾向，認為偉大的藝術是靈魂的事情，涉及觀念，而與生活和模仿無關。用他自己的話說，就是「藝術不是尋求模仿形式，而是創造形式；不是模仿生活，而是發現生活的等價物。」藝術形式的獨立性，自足性和自我實現，正是「藝術作品的形式，是它最根本的性質。」註12 這是一種非功利性、非道德性，為藝術而藝術的美學觀。弗賴表達的思想成為布盧姆斯伯里集團（Bloomsbury Group）的美學綱領。他的這些美學思想在《視覺與構圖》一書中得到系統表達。由於該書表達的思想由於基於大量的繪畫實踐，能夠用真正行家的眼光分析繪畫藝術，且文風清晰、流暢，因此出版後產生很大影響。

弗賴擔任過紐約大都會藝術博物館總監，英國國家畫廊總監。他利用自己

《視覺與構圖》的封面

的這一有利地位，成功地舉辦過一系列歐洲大陸和英國現代藝術的展覽，其中最著名的是1910年他在倫敦的格瑞夫頓畫廊舉辦的莫內與後印象主義藝術展。「後印象主義」（ Post-Impressionism）這個術語就出自弗賴的創造，用來指高更（Gauguin）、梵谷（Van Gogh）、馬蒂斯（Matisse）、畢卡索（Picasso）等現代畫家。這次展覽為弗賴招致了衛道人士的無數謾罵和攻擊，但卻把公眾的審美趣味從傳統的束縛中解放出來，為此後數十年英國藝術的發展開闢了道路，也使自己成為英國現代藝術最著名的支持者。弗賴是一個極其出色的演講家，他有一種獨特的與聽眾分享自己的發現和激情的能力，許多同時代人都對他富於磁性的聲音印象深刻。他在英國本土、歐洲大陸以及美國舉辦過無數次講座，為他贏得了很高的聲譽。弗賴長期從事藝術的普及工作，他在《視覺與構圖》中的文章《藝術與社會主義》，表達了對普及工作的重視。1913年，他把自己的信念付諸實踐，創立了奧米茄藝術工廠，專門對日用商品進行藝術化設計，如椅子，桌子，陶器等，這個工廠雇請的都是那些受後印象主義運動影響的藝術家，這一設計理念獲得了現實的成功。如前所述，徐志摩回國前和回國後，多次寫信邀請弗賴到中國訪問。但從這一時期弗賴寫的書信看，他似乎沒有認真考慮過此事。一則他忙於籌辦各種展覽，二則身體不佳。我們可以想像，由徐志摩極力操辦的這一邀請，如果成行，將在中國的文化藝術領域，刮起怎樣的現代藝術旋風。

徐志摩在1922年8月7日給弗賴的道別信中說：「你寬厚溫雅的人格，為我開展了新的視野，並且鼓舞有加，使我能親炙那些博大、魅力和高貴的思想與情感。」又說：「英倫的日子永不會使我有遺憾

之情。將來有一天我會回念這一段時光，並會憶想到自己有幸結交了像狄更生先生和您這樣偉大的人物，也接受了啟迪性的影響；那時候，我不知道自己是否會動情下淚。」這兩段文字徐志摩都承認了弗賴給予自己的巨大影響，並就這種影響向弗賴表達感激之情。那麼，除了如徐志摩所說人格和思想的「親炙」與薰染外，是否還有其他影響存在呢？

　　徐志摩回國後不久，就到清華大學發表過一個名為〈藝術與人生〉的英文演講。明眼人一看即知，徐志摩這篇演講的題目與弗賴收在他的名著《視覺與構圖》中的一篇演講同名。徐志摩回國後，給英國友人奧格頓郵去過一張明信片，特意請他為自己寄一本弗賴的《視覺與構圖》，這說明徐志摩熟悉此書，知道弗賴這篇文章。徐志摩不避重複，以同樣的題目發表演講，引出梁實秋先生的議論。梁實秋當時是清華大學文學社的負責人，徐志摩的演講是應他的邀請發表的。作為當事人，梁實秋先生的意見當然值得重視。梁實秋對徐志摩這次演講評價不高，說「這回講演是失敗的，我們都很失望。」從演講效果看，這應該是實情。〈藝術與人生〉一開頭長長的從句，足以讓人「聽而生畏」；況且「牛津式」的照本宣科，實在是高估了中國學生的理解力和感受力。但梁實秋先生說徐志摩這篇演講「其中的一些思想見解也來自這位英國朋友。」這話就要分析了。

　　細讀這兩篇同名演講，發現徐志摩除了也在談藝術與生活的關係外，其他方面與弗賴的觀點甚少關聯，甚至可以說是南轅北轍。從對「生活」和「藝術」這兩個概念的理解看，弗賴的「生活」，主要指歷史現實中重大的事件和運動，一個時期的思想主潮，徐志摩所謂

「生活」更多地與民族特性以及相關的社會狀態聯繫在一起。就「藝術」而言，弗賴在「藝術」的名義下，論述了繪畫、雕塑、建築，而徐志摩談論的範圍更廣，包括詩歌、戲劇、繪畫、舞蹈以及其他一些民間藝術形式。在徐志摩的演講中，「生活」是一個包含正面價值判斷的概念，「有生活」代表理想的社會狀態和國民性格，反之則是「無生活」。徐志摩對中國傳統藝術形式在現代的存留持否定態度，並將其產生的根源歸咎於社會狀況和國民性的低劣。徐志摩又以古希臘羅馬以及文藝復興時期產生的偉大藝術為例，呼籲創造有激情、有悲劇、有美、有靈魂的生活，從而為創造偉大的藝術準備條件。這是他演講的主旨，也是五四文化批判精神的體現。弗賴完全不同，他是一位先鋒藝術批評家，他的使命是為以法國後印象主義代表的先鋒藝術辯護，而「純粹的形式」是弗賴對先鋒藝術美學原則的高度概括。正因為如此，弗賴這篇演講的立足點就是要斬斷生活與藝術的關係。「生活」在他筆下是一個具有負面價值判斷的辭彙。他以西方藝術史為例，論證了藝術對生活的疏離、背棄和對立，以此來說明藝術不受生活的直接影響，它的發展具有內在連貫性和自足性。弗賴稱生活與藝術之間的因果關係只是一種「習慣性假設」，他甚至嘲笑試圖從藝術品中發現生活真實這種藝術的欣賞方式。二人都從藝術史中尋找自己立論的依據，但結論卻大相徑庭。

徐志摩所受弗賴的影響是在另外的方面，這就是他對西方現代繪畫的鑑賞和議論。關於這一點，梁錫華先生已經作了論斷，他說：「這影響主要在西洋藝術方面。徐志摩回國後宣揚西歐當時的新派畫家塞尚（Ceznne）、馬蒂斯（Matisse）及畢卡索（Picasso）等人，

這完全是從傅來義接受過來的衣缽。」註13 只要讀一讀徐志摩寫的〈我也"惑"〉，就知梁錫華先生所説確實。徐志摩這篇文章的起因是1929年4月舉辦第一屆全國美術展覽會。徐志摩是展覽的籌辦人之一，又是會展期間出版的《美展》三日刊編輯之一。1929年4月22日《美展》第5期發表徐悲鴻〈惑〉一文，抨擊後印象派藝術。徐志摩在同期發表〈我也"惑"〉一文，與徐悲鴻商榷，為後印象派藝術辯護。徐志摩在文章中提起後印象派畫家如塞尚、高更等的作品軼事如數家珍。又説到弗賴創造了「後印象派」這一術語，以及他1911年舉辦的後印象派畫展，和那次畫展在英國引起的震撼。徐志摩還説自己是第一個把塞尚、梵谷套版繪畫帶回中國的人。徐志摩認為後印象派繪畫有「真純的藝術的感覺」，是「純藝術的作品」，是「一些新鮮的精神的流露，一些高貴的生命的晶華」。這些足以顯示，徐志摩為後印象派辯護的勇氣和觀點，在很大程度上受到來自弗賴的影響。

徐志摩在英國期間，與弗賴結下了深厚的友誼。徐志摩臨行前，弗賴特意送給他一幅自己創作的狄更生先生的畫像作為紀念，激動的徐志摩表示「會永遠珍藏」這「貴重非凡的禮物」。在1923年上半年，弗賴給徐志摩寫信，並寄去一些自己畫作的複製品。徐志摩稱讚它們「有驚人的成就，完全可以和塞尚大師的作品同列。」1928年徐志摩第三次到英國，在弗賴家中盤桓數日，獲得了「無限的喜樂和安慰。」徐志摩這次回國後，把弗賴贈送的兩幅作品刊登在《新月》1929年3月2卷1期，題為〈法蘭先生畫稿之一〉、〈法蘭先生畫稿之二〉。後來徐志摩友人郭有守的弟弟郭子雄到英國求學，徐志摩特意介紹他與弗賴相識，並請他轉達對弗賴的致意。註14

　　徐志摩與弗賴的深厚友誼，一如與狄更生，主要建立在弗賴對中國藝術強烈興趣的基礎之上。弗賴一生，尤其是後半生，把許多的精力用在研究介紹中國古代藝術方面。弗賴的《變革》[註15] 一書有「中國藝術面面觀」專章。《最後的演講》第八章是「中國藝術」，包括「商周時期藝術」、「秦漢藝術」、「佛教藝術」三部分。此外，他還有不少論述中國藝術的文章散見於報刊，如《中國藝術》、《北京之牆》等。至於引證涉及中國藝術的文章就更多。弗賴對中國藝術的研究，主要集中在當時歐洲人還不熟悉的青銅器、佛教造像、文人繪畫、古老建築等領域。[註16] 弗賴不像他的同時代人翟理斯（Herbert Allen Giles，1845～1935）、卞因（Laurence Binyon，1869～1943）、魏雷，這些人是專業漢學家，弗賴不是。也許正因為這一點，加之他有精湛的西方藝術造詣，他評論中國古典藝術沒有專業人士常見的學究氣，能廣泛對比，三言兩語抓住要害，還善於為己所用。弗賴作為先鋒藝術批評家，他觀察中國古典藝術的角度也與這一點有莫大的關係，即為現代西方藝術的發展開拓新的空間和領域，為現代藝術建立普遍適用的美學原則。我們知道，在二十世紀前半期，西方現代主義理論家構建了一個全新的世界文化體系，在這個體系中，東方文化屬於「原始文明」、「古老文明」，是西方文化的「他者」，是西方文明的拯救者。同時，他們也以東西方藝術為共同參照，發展出一套新的美學原則，這就是形式主義美學。它迥異於西方自文藝復興以來所奉行之現實主義美學，具有普遍的適用性。縱觀弗賴的藝術批評，可以看出，他是這一理論在藝術領域的重要闡釋者。他重視古老中國藝術在線條運用方面所展現的獨特韻律節奏，各部分

的協調勻稱，人與自然的和諧關係，戲劇性的幽默感等等。在他眼中，中國古老藝術的成就高過印度，與西方最優秀的古典藝術有諸多契合之處，完全可以加以吸收和創化。

徐志摩與羅素夫婦、鮑惠爾小姐

徐志摩把自己到英國讀書的原因解釋為追隨羅素（Bertrand Arthur William Russell，1872～1970），可見他對這位二十世紀大哲學家的景仰；而羅素自1921年夏天從中國返回英國後，儼然成了中國文化熱烈的讚頌者，中國問題的發言人，二人的交往也就順理成章了。

羅素

徐志摩與羅素的實際交往開始於1921年10月。現保存在加拿大麥馬士德大學羅素檔案館徐志摩寫給羅素的七封信 註17，為二人交往勾畫出大致輪廓；通過對這些書信所涉人事的探究，他們交往的細節以及背景浮現出來。

徐志摩給羅素寫第一封信的時間

是1921年10月18日。徐志摩在這封短
簡中，向羅素表達自己的景仰之情以及
拜訪的願望，還提到渴望讀到羅素新婚
妻子朵拉發表在《新共和》雜誌上的一
篇有關中國的「大作」。朵拉（Dora
Winifred Russell，1894～1986）也是
一位是學者、作家、女權主義活動家。
她從劍橋大學哥頓學院畢業後，先在
倫敦大學學院從事18世紀法國哲學研
究，1918年起擔任劍橋大學哥頓學院
院士。1920年，朵拉為陪伴羅素訪問
俄國和中國，辭去了院士職位。朵拉
的思想比羅素甚至更激進，她積極策動
女權主義和社會主義運動，並且身體力
行。朵拉與羅素結婚後，開始為嫁給一
個名人而苦惱。羅素原則上支持婦女解
放，但在家庭生活中，卻不是如此；羅
素的朋友也都認為朵拉的思想觀念來自
羅素。朵拉於是變得更加激進，以便與
丈夫有所區別。這的確使她名聲大噪，
卻葬送了與羅素的婚姻。他們的婚姻在
維繫了14年後，在1935年宣佈離婚。
徐志摩信中所稱朵拉的這篇「大作」

給羅素的信

朵拉和她的兩個孩子約翰及凱瑟琳

其實是一封有關中國問題的信，題為〈美國的中國政策〉，發表在該雜誌1921年11月2日第28卷361號上。徐志摩此信寫於10月18日，這一期雜誌當時還沒有出版，故他説「一直找不到」。徐志摩1921年11月7日給羅素的信中，又一次説起這篇文章：「順便提一下：上次我們見面時，你是不是忘了給我一份尊夫人所寫關於中國的文章？要是她尚有餘本，我想拜讀一下。」朵拉的〈美國的中國政策〉一文，主要是批評美國政府對當時中國北京政府和廣東南方政府的矛盾政策，認為這反映了美國政府的虛偽性。美國媒體清一色稱讚廣東南方政府的誠實和英雄主義，指責北京政府「腐敗」，沒有代表性，反感港英當局干涉廣東南方政府。朵拉揭露説，這主要是因為廣東南方政府與美國跨國公司勾結有關：美國跨國公司從南方政府取得了修建港口的合約，獲得了對廣東省能源勘探開採的壟斷權。也就是説，美國媒體對中國南方政府的稱讚是受經濟利益驅動的。朵拉調侃説，英國政府從來都是以對自己的反對或臣服來區分「道德」政府或「邪惡」政府的，她把英國政府的這種態度「推薦」給美國人，因為他們正急不可待地準備邁出走向帝國主義的第一步。朵拉在文章中，還深情地回憶了她在中國的美好經歷，向中國表達了「最崇高的尊敬和最真摯的愛」。她鄭重聲明，「他們的古老文明與歐洲和美國文明是平等的，而正在發展的新中國文明，可以設想，將比我們和你們的都優越。」

徐志摩1921年10月24日給羅素的信，主要涉及邀請羅素夫婦出席1921年12月10日旅英華人協會在倫敦專為他們舉辦的一次聚會。徐志摩提到自己給主理此事的朋友寫了一封信，請他給羅素夫婦多寄

一張請柬，以免郵錯。據查，這次聚會由1921年剛成立的「英國華人協會」出面正式邀請，具體操辦人是協會的秘書梁龍先生。徐志摩1921年10月24日給羅素的信中有一句「您要我傳的話已轉達給梁龍先生了」，估計就與這次聚會的籌備有關。加拿大麥馬士德大學羅素檔案館存有梁龍為安排此次聚會寫給羅素的兩封信，說明聚會的目的是「歡迎羅素夫婦訪問中國歸來」。聚會還為羅素夫婦安排了簡短的講話，以及與中國學生的問答和討論。徐志摩在這封信中還向羅素夫婦的新出世的孩子約翰祝賀。我們知道，朵拉是奉子成親，他們1921年9月27日正式結婚，11月16日，他們的第一個孩子約翰出生。徐志摩是想借12月10的聚會，也給約翰提前做滿月。作滿月是中國習俗，指孩子出生滿一個月時，家長請親族中人來家中慶祝。徐志摩信中所說的「我們準備了紅雞蛋和壽麵」，是中國傳統習俗在這類場合中必用的食物。這此聚會於12月10日如期在倫敦舉行。

徐志摩在這封信中說自己是從鮑惠爾小姐那裏得到羅素夫婦「弄璋的喜訊」的。這個鮑惠爾小姐（Eileen Power，1899～1940）絕非等閒之輩，她是羅素妻子朵拉的老師，當時是倫敦經濟學院的講師（1921～1924），後來擔任過倫敦大學高級講師（1924～1931），1931年成為倫敦政治經濟學院的教授，1937年成為劍橋大學教授。鮑威爾小姐對英國中世紀歷史、文化政治經濟有精深研究，著有《中世紀英國修道院》（1922）、《中世紀的人》（1924）、《15世紀英國貿易研究》（1933）、《中世紀婦女》（1975）等著作。作為一個女性學者，鮑惠爾小姐是非常美麗且有魅力的女性。我隨後要提及徐志摩的英文演講稿〈藝術與人生〉，在此演講中，徐志

摩稱鮑威爾小姐是自己「真誠的朋友」[註18]。這些證據表明，在徐志摩眾多的劍橋的朋友中，鮑威爾小姐是其中之一。

　　徐志摩1922年1月22日的信，提及的是劍橋大學邪學社（Heretics Society）邀請羅素夫婦演講的事情。關於邪學社本身的情況，我將在〈徐志摩與奧格頓〉部分詳細介紹，這裏暫且按下不表。徐志摩信中所説邀請羅素演講的地點是王家廣場對面的一家「茶店子」，其實那並不真的是一家茶館或酒吧，而是劍橋學者奧格頓租賃來作為邪學社辦公活動場所的王家學院廣場10號，後來它又成為奧格頓創建的推廣基本英語運動的正語學會（the Orthological Institute）所在地。這棟建築地上三層，地下一層，房間不少，但單個房間的面積都不大，因此徐志摩在信中才説奧格頓擔心他的「茶店子」太小，「容不下擁擠的聽眾」。後來知道，奧格頓為此想出了一個權宜之計，即演講只允許邪學社會員參加。羅素夫婦這次演講於1922年3月5日舉行。保存在羅素檔案館的一份日程表顯示，羅素夫婦當天

羅素在徐志摩
書信後的批注

演講的主題是「工業主義與宗教」。羅素主講的具體題目是「傳統宗教」，朵拉主講的題目是「工業信條」。

　　徐志摩1921年11月7日給羅素的信，建議請梁啟超為奧格頓編輯的「世界哲學叢書」撰寫一部介紹中國哲學的書。此事主要涉及奧格頓，我在下一節將作重點介紹。

　　徐志摩與羅素的密切關係，不僅浮現在上述人事層面，更深入到思想的交流和影響。徐志摩評價羅素的文章現在發現的共有四篇，分別是〈羅素遊俄記書後〉（《改造》1921年6月3卷10號）、〈羅素與中國——評羅素著《中國問題》〉（《晨報副刊》1923年12月3日）、〈羅素又來說話了〉（《東方雜誌》1923年12月第20卷23號）、〈盧梭與幼稚教育〉（《晨報副刊》1926年5月10日）。此外，他還翻譯過羅素的〈教育裏的自由〉。這些文章和翻譯，絕不是應景之作，它們深刻反映了徐志摩與羅素思想的共鳴，和受到的影響。

　　〈羅素遊俄記書後〉一文寫於徐志摩與羅素相見之前。1920年春，羅素作為一個貿易代表團的成員訪問了俄羅斯。事實上，蘇聯十月革命爆發後，羅素像許多西方進步知識份子一樣，懷著極大的熱情關注著那裡發生的一切，向新生的蘇維埃政權致敬。一次在里茲舉辦的革命同情者會議上，羅素發表講話，甚至支持大會呼籲在整個英國建立蘇維埃式工人階級政權的決議。此次訪問，羅素原本希望看到這個新生的蘇維埃社會主義政權，能給陷入危機中的西方提供一個學習的樣板，但結果卻令他產生了極端的失望和厭惡，這一觀感在他的《布爾什維克主義的理論與實踐》（1921）一書中得到充分表達。羅素由一個俄國革命的讚揚者變成反對者，主要因為他在俄國耳聞目睹了

充滿血腥的暴力革命實踐。羅素在這部著作中對俄國的狀況進行了深刻勇敢的剖析，羅素知道，自己這樣做，會被他的政敵歡迎，而被盟友仇恨，但他決意面對真相。

　　徐志摩在美國讀書期間，曾自詡為「共產主義的信徒」，也被其他人稱為「鮑雪維克」。回國後就政治社會問題發表的若干言論，仍然相當激進。如在一篇〈青年運動〉[註19] 的文章中，徐志摩發誓要打倒一切現存秩序：「我們不承認已成的一切；不承認一切的現實；不承認現有的社會、政治、法律、家庭、宗教、娛樂、教育；不承認一切的主權與勢力。我們要一切都重新來過。」雖然如此激進和尖銳，但縱觀徐志摩思想的內在脈絡，會發現，他骨子裡只是一個自由主義知識份子。他反對資本家、貴族的統治，同情勞工階級，但卻同樣反對暴力革命。徐志摩真正崇尚的還是英國式的民主政治：自由而不激烈，「不為天下先」卻不僵化。也正因為如此，徐志摩對羅素的遊俄觀感才會有深刻的領會和由衷的同情。在〈羅素遊俄記書後〉一文中，徐志摩系統介紹了羅素對暴力革命的反對態度：人類救贖和社會變革的方法「決計是平和的，不是暴烈的，暴力只能產生暴烈。」徐志摩還介紹了羅素從共產迷夢中醒悟的經過，讚賞他堅持獨立判斷，堅持真理的精神和勇氣：「無黨故蔽不著，愛真故言不諱，闡人道故否出於同情，獎文化故按察皆援純理為準繩。」由此他稱羅素《布爾什維克主義的理論與實踐》一書是「論鮑雪維克之鉅作」，並以羅素對蘇俄布爾什維克主義的認識告誡中國青年不要盲目崇新，隨波逐流：「吾青年乏個性，善遷慕新，其弊猶之頑舊，願意羅氏醫之。」

　　1923年8月，羅素在《日暈》1期上刊登了〈餘暇與機械主義〉

一文。徐志摩讀後當即寫了〈羅素又來說話了〉一文，稱讚此文是
「智力的閃電」，讓我們看到了這閃電的「迅與光與勁」。羅素〈餘
暇與機械主義〉一文的重點是批判近代工業文明。羅素認為，工業文
明追求效率、鼓勵競爭、崇尚成功，導致了現代人日益機械化，這與
人的本質是背道而馳的。人類只有擺脫工業文明強加的束縛，回復生
命的自然與樂趣，才能獲得真正的解放。羅素在文章中，還開列了四
個對抗機械主義的藥方：生命的樂趣、友誼的情感、愛美與欣賞藝術
的能力、愛純粹的學問與知識。徐志摩完全同意羅素的意見，指出：
合理的人生與工業文明的機械主義是不能並存的。除非轉變機械主義
的傾向，人生很難有希望。徐志摩還進一步列舉了英國曼徹斯特、利
物浦，美國的芝加哥、匹茲堡、紐約，中國的上海、北京等工業化大
都市為例，說工業文明的機械主義只能孕育出醜惡、庸俗、齷齪、罪
惡，以及高煙囪和大腹便便的商人資本家。

　　作為一個後發國家的作家，去附和來自發達國家的哲學家羅素批
判工業文明，徐志摩的這一立場未免顯得超前。但如果我們歷史地看
待徐志摩的這一問題，會發現他的立場深深紮根於時代的土壤之中，
在徐志摩情感思想歷程中發揮的作用是巨大的。徐志摩出身在一個商
人家庭，受父親影響，他早期崇尚實業救國，認為應該發展工商業，
多開工廠，這樣才能解決貧困問題。徐志摩自己說，去美國之前，他
只要見到高聳的煙囪，內心就油然升起敬意。但到美國之後，他的想
法發生了變化。他接觸了馬克思、英國藝術批評家羅斯金批判資本主
義的論述，瞭解到資本主義工業的狀況和工人階級的悲慘生活，於是
轉而同情社會主義，厭惡工業文明。徐志摩在〈羅素又來說話了〉一

文中對羅素觀點的認同，是他自己長期思想發展的結果，而不是隨意的附和。同樣，這種轉變把徐志摩推上了一個浪漫主義詩人之路。試想，如果他始終對工業文明抱有好感，他的詩可能就是另外一個樣子；甚至能否成為一個詩人，都要打一個問號了。

徐志摩回到中國後，羅素隨即寄來了他的新書《中國問題》，希望徐志摩在國內「傳佈他的意見」。徐志摩答應「溫習過自己的社會人民以後，替他寫一篇書評。」〈羅素與中國——評羅素著《中國問題》〉是這一承諾的結果。

在文章中，徐志摩首先描述了羅素對中國的熱情友好態度：「羅素去年回到倫敦以後，他的口液幾乎為頌美中國消盡，他的門限也幾乎為中國學生踏穿。他對我們真摯的情感，深刻的瞭解，徹底的同情，都可以很容易從他一提到中國熱烈的目睛和欣快的表情中看出。」羅素對中國的友好態度有目共睹，他對中國傳統文化的讚賞無以復加，在《中國問題》中，這種態度和觀點得到充分表達。事實上，羅素對中國傳統文化的讚賞態度，是與他對西方工業文明的批判聯繫在一起的。羅素認為生活在大工業時代的西方人只知道奮鬥、競爭、破壞，物質文明有了高度的發展，精神卻陷入危機之中。羅素把中國傳統文化作為西方工業文明的對立面，一種理想的人生狀態提了出來。西方現代工業社會已經沉屙在身，而中國傳統文化是一劑拯救的良藥。徐志摩在這篇文章中，還回憶了羅素向他講述的在中國的觀感：「說他見到湖南的種田人，杭州的轎車夫，頭目那樣喜喜歡歡做工過日，張開口就笑，一笑就滿頭滿臉滿心地笑，他看到此情此景，幾乎滴下淚來，因為那樣清爽自然的生活，在歐美差不多已經絕跡

了。速率造就了『喘喘不可終日』的現代西方文明，中國人終是慢吞
吞地不進不退，卻反享受了幾千年平安有趣的生活。」這表達了羅素
對中國的真實感受。在羅素看來，「中國人比較的入魔道最淺，在地
面上可算是最有希望的民族。」「中國人的生活習慣若大家都採用，
全世界就會快活享福」。而西方「除了到安靜的東方請教，恐竟沒有
法子防止滅亡。」

　　羅素對中國傳統文化的高度讚美，並沒有令徐志摩沾沾自喜。
相反，他「溫習過自己的社會與人民」，所以能對中國的現實保持清
醒的認識。他提醒讀者注意吳稚暉先生對羅素中國觀的評價：「羅
素只當我們是小孩子，他是個大滑頭騙子！」徐志摩當然沒有像吳稚
暉那樣看輕羅素的意見，他相信了羅素對中國的態度是極其誠懇的，
不是在哄騙我們。但同時，徐志摩也指出羅素對中國文化理解的偏
差：「並莫有十分明瞭中國文化及生活何以會形成現在這個樣子。」
徐志摩還舉例羅素欣賞老莊「無為而治」，反感儒家思想。徐志摩批
評說，羅素不知道，「中國人生活之所以能樂天自然，氣概之所以宏
大，不趨極端好平和的精神，完全是孔子一家的思想。」

　　羅素《中國問題》一書對中國傳統文化的讚賞態度，與同一時
期英國學者、作家的態度大體一致。這種對中國傳統文化的認識，其
出發點是試圖以異質文化救治陷入危機中的西方文明。而中國知識界
當時的主流傾向，卻是向西方文明學習，改造中國傳統文化。中西方
在對中國傳統文化的態度是很少交叉點的。徐志摩屬於新文化運動一
分子，受制於時代潮流，他對羅素讚揚中國，除表示理解，強調其真
誠外，對於具體的論述，則持保留意見。比較而言，徐志摩顯然更重

視羅素在《中國問題》一書中，對當代中國面臨問題的批評和警醒。羅素告誡中國要警惕西化的傾向，要警惕基督教的力量，警惕歐美日強權的干涉。羅素還認為中國政治、經濟、文化等領域都存在問題，尤以文化問題最為嚴重。中國作為一個東方大國，潛力巨大，缺陷也十分突出，如果把握不好，可能會走軍國主義道路，也有可能追隨西方，踏上追求物質文明的「絕路」，就像現在西方身處的困境一樣。徐志摩對這些告誡都全盤接受。最後他道出了羅素對中國的殷切期望：「現代我國正當文藝復興，我們知道羅素先生正在伸長了頭頸，盼望我們新青年的潮流中，湧現出無量數的理想人格，來創造新中華的文明。」

徐志摩在〈盧梭與幼稚教育〉一文中，以羅素對自己的兩個孩子的教育方式為理據，討論了中國兒童教育所陷入的危機以及出路。1925年7月，徐志摩第二次訪問英國期間，曾到英國南部康沃爾郡去探望住在那裡的羅素夫婦，目睹了羅素夫婦對自己兩個孩子的教育。兩個孩子玩各種各樣的遊戲，而父母也參與其中。只有四歲的孩子，即能認識花園中三十多種花木的名字，認識各色各樣的火車頭，知道如何乘火車去什麼地方。徐志摩還敘述了羅素告訴他的一個故事：兒子約翰還不滿三歲時，羅素即帶他到海裡去游泳。約翰初次見海，十分害怕，一進水就哭。羅素惱了，一次次把孩子按到水裡去。羅素這樣做，是希望養成勇敢、無畏的精神。三、四天後，這孩子果然喜歡上了海。羅素教育孩子的這些事例，給徐志摩以強烈的印象。他認識到，孩子是人生中最快樂的時光，沒有煩惱、沒有憂愁，肢體是靈活的、精神是活潑的。教育的使命，就是要順應孩子的天性，讓他們身

心健康地成長。

接著，徐志摩筆鋒一轉，向中國傳統的幼稚教育開了火。他指出，中國傳統的生養觀以生兒子為第一要義，即所謂「不孝有三，無後為大」。對孩子的期望，是他們將來有出息，能做官發財，掙取功名利祿。父母對孩子的愛，主要是為了傳種，完全不考慮孩子本身的利益。平時把孩子交給毫無知識的老媽子，自己不聞不問。徐志摩認為，中國人的這種教育觀，使兒童少年老成，未老先衰，其「餘毒」「造就了世界上唯一的弱種」。他大聲呼籲：「我們的革新的工作得從根底做起；一切的價值得重新估定，生活的基本觀念得重新確定，一切教育的方針得按照前者重新籌畫——否則我們的民族就沒有更新的希望。」事實上，羅素如此教育他的孩子，本源於他自己的教育理念，這一教育理念在他的《論教育，尤其是幼稚教育》（1926）一書中得到充分闡釋。徐志摩的〈盧梭與幼稚教育〉一文，既是對羅素教育實踐的感言，也是閱讀羅素這部著作後的體會。他說羅素這本書中關於教育的性質、原則、方法的論述，「給了我們極大的光明與希望」。

徐志摩與奧格頓

1. 書信發現始末

徐志摩研究者最先是從徐志摩給羅素的信中知道查理斯·凱·奧格頓（Charles Kay Ogden，1889～1957）的名字。但由於沒有更多材料，人們對他與徐志摩的密切關係瞭解有限。最近，筆者有幸從加

拿大麥馬士德大學圖書館威廉‧瑞德
檔案與收藏研究部（The William Ready
Division of Archives and Research
Collections）發現了徐志摩致奧格頓的
六封英文書信，[註20] 經由對這些書信所
涉人事背景的考證，徐志摩與奧格頓的
密切關係才浮出水面。

　　那麼，徐志摩致奧格頓的六封英
文書信又是如何來歷呢？原來，奧格
頓有收藏書籍、保存檔案的習慣，他
是學界名人，交際極其廣泛，財力又
雄厚，因此一生有大量積累。奧格頓
終身未婚，沒有子嗣，他於1956年
去世後，遺產被弟弟弗蘭克‧奧格頓
（Frank Ogden）繼承。弗蘭克不久就
把奧格頓的10萬冊藏書出售給了加利
福尼亞大學洛杉磯分校，但留下了奧
格頓的檔案，因為他發現，這些檔案
中有眾多奧格頓與喬伊斯、維特根斯
坦等作家、學者的通信，相當重要。
弗蘭克於1957年去世後，奧格頓的大
部分檔案輾轉到正語學會──這是他生
前一手創辦，推廣基本英語的一個機構

奧格頓

——由奧格頓的律師朋友馬克‧海默（Mark Haymon）管理。在1980
～1981年，奧格頓書信檔中的百分之八十由正語學會委託英國克魯肯
鎮的拍賣商勞倫斯（Lawrence of Crewkerne）拍賣，加拿大麥馬士德
大學（McMaster University）購買了其中的百分之九十，包括徐志摩
寫給奧的書信在內，其餘則被英國倫敦大學、美國德克薩斯大學等大
學買下。徐志摩的書信就這樣來到了麥馬士德大學，與奧格登的其他
文件一起，保存在大學圖書館的威廉‧雷迪檔案與研究資料庫（The
William Ready Division of Archives and Research Collections）。圖書館
還特別建立了奧格登檔案（C. K. Ogden Archive），並將這些書信歸
入三十號箱。

　　梁錫華先生搜集編輯翻譯的《徐志摩英文書信集》中，給羅素的
英文書信即在70年代從加拿大麥馬士德大學羅素檔案館獲得。但由於
麥馬士德大學在1981年才購進奧格頓收藏書信，所以梁錫華先生沒有
能夠見到徐志摩給奧格頓的這六封英文書信，世人也以為不會再有徐
志摩的英文書信，這使它們在麥馬士德大學奧格頓檔案館又靜靜地躺
了二十四年，直到最近筆者有幸發現並翻譯了這些信件為止。

2. 見證友誼，討論語言學問題

　　奧格頓就讀於劍橋大學美德林學院，畢業後他訪問過義大利、德
國、瑞士和印度的一些學校，調查語言教學的方法。1912年，奧格
頓創辦《劍橋雜誌》，在第一次世界大戰期間，這份雜誌成為一個有
關政治和戰爭的國際論壇，引起廣泛注意。奧格頓還是劍橋一個重要
的學術、思想組織邪學社的創始人之一。這個組織成立於1909年，

主要起因於奧格頓等人對校方強制學生參加宗教活動的反感，追求一個能夠自由討論宗教問題的空間。如邪學社章程第一條規定，會員必須抵制所有強制性的宗教要求和正統信仰。但邪學社並沒有把自己的活動局限在宗教問題的討論中，學會章程第二條闡明學會的目的是推動宗教、哲學和藝術的自由討論。邪學社的一個重要活動是邀請文化、思想、文學界名人舉辦演講。受邪學社邀請發表過演講的名人有作家蕭伯納、T. S. 艾略特（Thomas Stearns Eliot，1888～1965）、E. M. 福斯特、維吉尼亞·吳爾夫，經濟學家凱恩斯（John Maynard Keynes，1883～1946），哲學家喬治·莫爾（George Edward Moore，1873～1958）、羅素、維特根斯坦（Ludwig Wittgenstein，1889～1951），藝術家克立夫·貝爾（Clive Bell，1881～1964）、羅傑·弗賴等。奧格頓最初擔任學會幹事，後來長期擔任邪學社主席。奧格頓是一個天才的組織者和鼓動者，他把學會的活動搞得有聲有色，吸引了劍橋大量的學子。在邪學社成立之前，劍橋已經有了一些類似的組織，如著名的使徒社就是其中一例。但邪學社後來居上，風頭甚至蓋過了使徒社。從徐志摩1922年1月22日給羅素的信看，徐志摩在劍橋時，雖然沒有加入邪學社註21，卻能夠參加演講會，可見徐志摩與奧格頓以及其他邪學社會員的交往是非常密切的。

徐志摩與奧格頓相識，大約在1921年7月間，比認識羅素要早。徐志摩給奧格頓的頭兩封信分別寫於1921年7月12日、18日，當時他還在劍橋的莎士頓住。徐志摩告訴奧格頓，自己因為要去倫敦，所以與他無法在星期二見面，希望把見面的時間推遲到下星期。從這封信的口氣推斷，徐志摩是在安排與奧格頓的初次見面。六天後，徐志摩

給奧格頓寫去第二封信。顯然在此期間徐志摩已經見過奧格頓。徐志摩告訴奧格頓，有兩位張姓中國朋友也想見他，希望他能安排一個時間，到莎士頓來與大家會面。徐志摩在劍橋期間，與奧格頓已經成為至交。因為朝夕相處，就沒有再留下書信。徐志摩1922年9月離開歐洲回國。在回國的第一時間，他就給奧格頓郵了一張明信片，報告自己旅途順利，只是天氣太熱。同時徐志摩請奧格頓給自己寄一本弗賴在1920年出版的《視覺與構圖》。

　　1923年5月10日，徐志摩又給奧格頓寫信。此前奧格頓給徐志摩來過信。在這封信中，徐志摩要求奧格頓給自己郵寄一本《意義的意義》。他還告訴奧格頓，自己已經把他的來信在兩份大報上發表，並且就奧格頓在信中所討論的問題徵求了一些中國學者的意見。遺憾的是，到目前為止，我們還沒有找到奧格頓給徐志摩這封信的下落，也不知道信的具體內容。但根據現有資料，可以推測奧格頓的意見會涉及他這一時期正在進行的語言魔力的研究。他與新批評理論的創始人劍橋學者理查茲共同執筆的《意義的意義》一書就出版於1923年。這本艱澀的著作應用20世紀初期心理學、語言學方面最新研究成果，深入探討了語言的歧義現象，語言與思想的關係，對語言的控制和利用等。西方學者認為，《意義的意義》是二〇年代最為重要的著作之一。就奧格頓和理查茲本人而言，《意義的意義》可以説是他們後來一系列學術發展的起源，如奧格頓的「基本英語」，理查茲的新批評理論，都把根紮在《意義的意義》的思想資源之中。理查茲説中國人不像西方那樣注意語言活動的方法和結構，這是實話。況且在二〇年代，中國的現代語言學研究剛剛起步，對奧格頓、理查茲的語言

學思想可能還無從知曉。因此，徐志摩告訴奧格頓，他信中討論的問題在中國沒有找到一個知音：「我遇到不少學者表示對這一問題有興趣，但未能發現他們的意見有任何中肯之處，也達不到你的標準。」徐志摩信中說他在去年耶誕節時給奧格頓郵了一本胡適的《論邏輯》的小書，[註22] 希望他能在這本書中找到一些對自己思考有益的東西。事實上，中國對奧格頓和理查茲《意義的意義》的回應，延遲到十年之後。1929～1930年，理查茲來到中國，應聘在清華大學擔任訪問教授。三十年代前期，奧格頓的「基本英語」事業已經風靡世界。由於這兩個事件在中國的影響，學者們才注意到《意義的意義》一書。1934年由商務印書館出版的《意義學》是李安宅編譯《意義的意義》，並融入自己對中國古代思想的研究心得寫成。該書由馮友蘭作序，附錄中還收錄了翟孟生的〈以中國為例評《孟子論心》〉一文。翟孟生和李安宅都是理查茲寫《孟子論心》時的合作者，對理查茲和奧格頓《意義的意義》中的語言理論有初步瞭解。徐志摩1924年2月21日給胡適的信中，討論到語言的魔力的問題。

3. 為梁啟超、胡適出版英文著作穿針引線

徐志摩1921年11月7日給羅素的信，討論了「世界哲學叢書」或「世界哲學文庫」擬出版的一本介紹中國哲學思想的書的作者人選問題。徐志摩1923年5月10日，1923年11月15日給奧格頓寫信，也涉及到奧格頓擔任學術編輯的這套系列叢書。這套叢書的完整名稱是「心理學、哲學與科學方法國際文庫」，由奧格頓主持編輯，但羅素與奧格頓關係密切，是這套叢書重要的學術顧問，故徐志摩也與羅素

討論過人選問題。奧格頓1920年曾協助創辦《自我》（Psyche）雜誌。由於要打理雜誌的印刷、出版、發行等問題，奧格頓與該雜誌的出版商The London Firm of Kegan Paul, Trench, Trubner & Company建立了聯繫。後來他被該出版公司聘為學術編輯，為出版商策劃選題，編輯出版。奧格頓先後為這家出版社策劃了五套叢書選題，「心理學、哲學和科學方法國際文庫」即為其中之一。這套叢書在頭十年間出版了100卷之鉅作，把那個時代許多大師的著作都囊括其中，如維特根斯坦的著作。

　　「國際文庫」叢書的本意是介紹世界範圍內各民族最優秀的哲學思想，包括中國是理所當然的事。羅素剛從中國訪問歸來，瞭解中國哲學界情況，他推薦胡適的《中國哲學史大綱》，顯示了非凡的眼光。胡適的英文著作《古代中國邏輯方法的發展》1922年由上海東方圖書公司出版，羅素1923年即寫了〈早期中國哲學〉^{註23}一文，對此書加以介紹。羅素稱道説：「對於渴望一睹中國思想玄奧的歐洲讀者，這部著作意味著全新的開始。」他讚賞胡適像歐洲人一樣瞭解西方哲學，能用英語寫作，而對中國文言的翻譯，沒有任何一位外國人可以比肩。胡適擁有如此優越的條件，這部著作的優秀是可以預期的。胡適在此書中試圖在中國古代哲學非主流派別，如老莊、墨子哲學中尋找與西方現代思想觀念的契合呼應之處，羅素敏鋭地指出了這一點，稱讚「這是一種奇異的現代聲音」。但羅素顯然有些懷疑胡適通過翻譯給這些古代哲學家的言論「增添」了現代性，不過他沒有去追究這一點。我們從羅素的這篇書評可以看出，羅素推薦胡適的《中國哲學史大綱》，是經過深思熟慮的。

徐志摩卻有自己的不同意見，認為胡適的《中國哲學史大綱》並不適合翻譯出版。理由是這部著作只寫出了上卷，其中又包括大量西方讀者不感興趣的枯燥考據，篇幅太長，而且胡適太忙，恐怕沒有時間做這件事情。這些理由十分充分。繼而徐志摩建議，由梁啟超承擔一本「有關中國思想的書」。他在信中介紹梁啟超「是中國最淵博學者中之一，也很可能是具有最雄健流暢文筆的作家。他在解放中國思想，以及介紹普及西學方面所作的不懈努力，值得我們萬分欽仰。他在學問上吸收與區別的能力是別人永不能望其項背的。」徐志摩是梁啟超的入室弟子，他如此熱情洋溢地舉薦老師，一方面固然因為梁啟超是理想人選，但徐志摩與梁啟超的這層師生關係恐怕也是他舉薦的重要原因。徐志摩與胡適建立深厚友誼是後來的事情。

羅素對梁啟超並不陌生。梁啟超發起創辦的講學社是邀請羅素到中國講學的主要團體之一。羅素在中國期間，

梁啟超

與梁啟超多有交往，並留下深刻印象。
所以羅素和奧格頓當即接受了徐志摩的
建議。梁啟超也十分高興地接受了這個
建議，這後來促成了他的《先秦政治思
想史》一書的出版。梁啟超在《先秦
政治思想史》自序中説：「治中國政治
思想，蓋在二十年前。」也就是説，他
在二十年之前即有意寫這樣一部著作。
但顯然羅素和奧格頓的邀請，大大增加
了梁啟超實現多年夙願的動力。與此同
時，在1922年秋冬間，梁啟超應聘在
東南大學和北京政法專門學校舉辦中國
政治思想史講座，1923年初由商務印
書館出版的《先秦政治思想史》即根據
這些授課的講義整理而成。

梁啟超

　　梁啟超完成的《先秦政治思想史》
與羅素、奧格頓要求的「中國思想」
在涵蓋範圍上有一定出入。對此徐志摩
的解釋是，「這和總體上的思想史大致
是一碼事」。註24 梁啟超完成的是中文
本，翻譯成英語的任務最初由徐志摩承
擔。徐志摩的翻譯工作開始於1923年
4、5月間。他在給奧格頓的信中説：

「到目前為止，我只翻譯了導言。書的篇幅很長，翻譯成英文，我想不會少於350頁。如果我下決心幹，估計需要整整一個夏天。不管怎樣，我個人認為此書是來自東方的重要貢獻，我願意花幾個月時間翻譯它。」[註25] 徐志摩顯然十分認真地對待此事，他甚至準備把部分譯文寄給英國漢學家翟理斯和韋利，要聽取他們的意見。但不幸的是，徐志摩這一時期太忙，1923年11月不得不放棄了翻譯計畫。這在徐志摩1923年11月15日給奧格頓的信中得到證實，徐志摩說：「至於梁先生的書，我真是慚愧極了，一方面對不起你，另一方面也對不起梁先生。我不是不願意承擔這一翻譯工作，但這意味著要花三個月時間全身心投入，而我擠不出這麼多時間。同時，西伯利亞的秩序已經恢復，我現在正計畫再一次去歐洲旅行。我不久還會給你寫信。」

梁啟超在《先秦政治思想史》自序中有「徐志摩擬譯為英文」的話，這說明在書出版前梁啟超與徐志摩已經有了翻譯的約定，徐志摩也預估能在1923年夏天完成翻譯工作。因此，「國際文庫」在1923年出版之著作的扉頁，都印上了梁啟超將要出版的《中國思想的發展》一書的書目。由於徐志摩沒有能夠完成英譯，出版之事只好一拖再拖。到1927年，「國際文庫」擬出版書目中仍然有梁啟超的《中國思想的發展》。由於主編奧格頓以及羅素對中國思想文化的重視，他們始終支援促成梁啟超這部著作英譯本的出版。徐志摩放棄翻譯後，改由北京一位「世界通解叢書」的編輯 L. T. Chen 接手完成。最後，梁啟超的《先秦政治思想史》英譯本終於列入「國際文庫」，由英國科根出版社於1930年出版。這個英譯本增加了譯者弁言，作者生平概略和重要術語索引等三部分內容。[註26]

　　羅素和奧格頓接受了徐志摩請梁啟超寫一部著作的建議，但也沒有放棄請胡適寫一本類似著作的打算。由於梁啟超提供的是一部斷代政治思想史，寫一本全面介紹中國思想的書的任務就落在了胡適頭上。徐志摩1923年11月15日給奧格頓的信肯定地認為胡適會接受這個建議：「胡適博士幾天內就會來北京。我可以有把握地說，他會很高興把自己的書在英國出版。」徐志摩的判斷是對的，1924年2月11日他寫信告訴奧格頓，胡適接受了在英國出版他的著作的建議：「胡適博士很高興你打算在英國出版他的書。我相信他不久就會給你寄去他改定的稿子。或許他已經寫信給你了。」事實上，胡適並未寫信給奧格頓，奧格頓檔案中也沒有胡適這部「改定的稿子」。可能是胡適並未寄出稿子。但奧格頓仍然一直在等待。我們從1930年「國際文庫」叢書扉頁上印製的擬出版書目中，還可以看到胡適的《中國思

梁啟超
英文著作

127

想的發展》。遺憾的是，奧格頓所期許的這部著作，胡適終於沒有完成。

4. 為松坡圖書館選購英文書籍、遭遇喪親與失戀的雙重打擊、關於泰戈爾訪華

徐志摩1923年5月10日，1923年11月15日給奧格頓的信中，都提及為剛剛成立的松坡圖書館添購外文圖書事宜。我們知道，反對袁世凱稱帝的蔡鍔（字松坡）將軍1916年病逝後，梁啟超即打算建一座圖書館紀念這位共和英雄。經多方奔走，松坡圖書館終於在1923年春天成立，館址設在北京石虎胡同7號。徐志摩受聘擔任剛剛成立的松坡圖書館（西單石虎胡同七號）第二館的幹事。第二館專藏外文書籍，徐志摩就負責外文書籍的採購以及英文函件的處理。從上述兩封信看，奧格頓顯然是徐志摩在國外採購圖書的重要代理人，而奧格頓也的確是適當的人選。一則奧格頓與徐志摩的私交到了稱兄道弟的程度，願意不辭辛苦為他選購圖書。二則如前所述，奧格頓與出版社關係密切，對圖書市場瞭若指掌，他主編的「心理學、哲學與科學方法國際文庫」薈萃了當代哲學、心理學、社會學等領域學術研究的精華。三則奧格頓本人就是出色的學者，站在學術前沿，有選購優秀書籍所必須的敏銳眼光。第四，奧格頓性喜藏書，一生收集了大量的古版書以及其他圖書，他去世時，留下的私人藏書達10萬冊，對書的嗜愛令他把選書購書看成一件樂事。徐志摩在信中告訴奧格頓，如果諸事順利，每年松坡圖書館能有500鎊用於購書。徐志摩還告訴奧格頓，他郵寄的第一批四包書已經收到。他準備請梁啟超再匯一些錢給奧格頓，以便他繼續購置圖書。他要求奧格頓也贈送一些「你認為我

們需要的書」，這其中包括徐志摩格外點名的奧格頓與理查茲合著的
《意義的意義》。

　　徐志摩1924年2月11日給奧格頓的信，透露了在祖母病逝和失
戀的雙重打擊下的痛苦、哀傷體驗。徐志摩祖母於1923年8月27日病
逝，追求林徽音無望，令他精神十分頹廢。他在信中寫道：

　　我偶爾出去旅行，有時也寫點東西，在臺上臺下講講話，有時
哀悼一下（我的老祖母去年夏天過世了），歎歎氣，除此之外就是
徹底的茫然。丘比特的箭或許永遠地拒絕了我的光臨，這是我思想
麻木、精神空虛的原因。不僅社會本身，就是當前的時局也完全讓
我厭煩；我相信，他們在我身上也看不到任何吸引人的地方，結果
我就是孑然一身。我現住在老家城郊的一棟房子裏，附近有一片樹
林，風從林中刮過，傳來陣陣呼嘯聲，應和著我的嘆惜，在我就像
一曲莊嚴的交響樂。這裏的鳥多極了，而且非常鬧，我經常聽它們

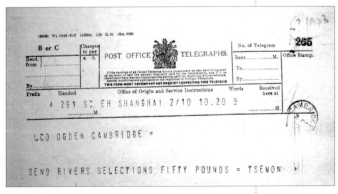

奧格頓給徐志
摩寄書的收據

泰戈爾

泰戈爾訪華期間合影（右二為徐志摩）

的聲音，對它們說話。鎮上的人把我叫半仙，或譏諷我是詩人。我本來內心就有一種虛榮，他們的譏諷，反而助長了我的怪僻。我的態度正變得越來越粗魯，精神也越來越憤世嫉俗，腔調也越來越古怪，──簡直像幽靈一樣叫人捉摸不定。真的，從兩邊的窗子向外看，再沒有什麼比眼前這番景象更像亡靈居所──到處都是墳岡，碑銘，敞開的棺木，墓地，祖宗靈堂，牌位，匾額──那樣扎眼了。據說就是這棟房子裏鬧鬼。毫不奇怪，我也變得和鬼差不多了。

徐志摩生動真實傳達這種情感的書信寥寥無幾，這封信即為其中之一，因此有很高的參考價值。此信還提到泰戈爾（Ranbindranath Tagore，1861～1941）即將訪華，他要擔任陪同，以及他對泰戈爾訪華可能造成的影響的推測：

我猜泰戈爾在劍橋沒有贏得多大的欣賞，但你們不至於太苛刻，叫他

騙子或小人或討厭鬼——這種名號在你們這些知識份子口中非常時髦。他備受中國年輕人的愛戴，簡直不可思議，其中的主要原因是，在所有用英語寫成的詩歌中，唯有他的詩歌具有他們稱為「完美的智慧」的東西。因此，他對中國的訪問將證明是激動人心的，他會比以前到中國講學的人更受歡迎，人們會以更大的熱情迎接他。

後來的事實證明徐志摩的推斷。此外，徐志摩還把接待泰戈爾訪華，看成是從痛苦情緒中擺脫出來的良藥。鑒於徐志摩追求林徽音，以及泰戈爾訪華之經過，已經為中國讀者所熟知，這裡就不多作介紹了。

泰戈爾清華講學

泰戈爾訪華時合影（右一為徐志摩）

泰戈爾

註1：來鳳儀編：《徐志摩散文全編》，浙江文藝出版社1991年版46頁。

註2：梁錫華著《徐志摩新傳》，臺北聯經出版事業公司1982年第二版25頁。

註3：講演稿最後以〈英國近代文學〉為名，載趙景深編《近代文學叢談》（新文化出版社社1925年版）。另見《徐志摩全集・補編》（3），上海書店1994年版478頁。

註4：*G. Lowes Dickinson, Appearances: Being Notes of Travel.* (London & Toronto: J. M. Dent & Sons Limited, 1913). P. 74.

註5：魏雷（Arthur David Waley, 1889～1966），大英博物館館員，東方學家，因以自由體形式翻譯中國古典詩歌而聞名。著有《中國繪畫研究導論》、《中國古代三種思想方式》、《白居易生平與時代》、《從中國視角看鴉片戰爭》等，翻譯有《中國詩170首》等。徐志摩在劍橋時，與魏雷成為好友。

註6：有關描寫請參閱徐志摩〈謁見哈代的一個下午〉，見《徐志摩散文全編》，來鳳儀編，浙江文藝出版社1991年版。

註7：G. L. Dickinson, Letters from John Chinaman, and Other Essays. (London: George Allen & Unwin Ltd, 1946). P. 12.

註8：見福斯特寫的note on the essays，收入G. L. Dickinson, Letters from John Chinaman, and Other Essays. (London: George Allen & Unwin Ltd, 1946).

註9：G. L. Dickinson, Letters from John Chinaman, and Other Essays. (London: George Allen & Unwin Ltd, 1946). 見福斯特寫的note on the essays。

註10：福斯特在《狄更生傳》中證實，狄更生與弗賴之間有同性戀關係。

註11：徐志摩與弗賴的初次見面有一些蛛絲馬跡可尋。羅傑・弗賴1921年3月4日寫給詩人Bobert Bridges（1844～1930）的信中寫道：「我把你的那位沃爾特教授的信還給你——現在想來，他們可真是有些古怪，起碼我最突出的印象是他們的脾氣古怪。他們真是一群窮兇極惡的民族主義者。這個人看來對自己是德國人有強烈的意識，對於一個文明人來說，這實在令人厭惡，同時也讓人覺得不可思議。昨天我會見了一

個中國人，他看來完全沒有自己屬於某一個民族的意識，因而一下子讓你覺得非常美好，平易可近。而這些德國人對國家如此崇拜（最最邪惡的一種崇拜），以致他們中間有學問的人，也首先是德國人，然後才是從事科學研究的人。我目前看不到這個邪惡的民族主義圈子有任何完結的跡象，除非歐洲文明徹底沉淪；而我認為，我們只要朝這個方向稍微再邁進一步，這種局面必將到來。」（Denys Sutton Edited, Letters of Roger Fry, Vol. 2. London: Chatto & Windus, 1972. P. 503-504.）弗賴這封信寫於他在倫敦的寓所。第一次世界大戰剛結束不久，弗賴對德國民族主義導致的災難仍記憶猶新，這是為什麼他在信中要拿德國人的民族意識與一個中國人進行對比，並譴責民族主義。平心而論，徐志摩不是一個有強烈民族意識的人，他的數篇有關康橋的詩文，把康橋當成故鄉來描寫，完全沒有異國感受，這與弗賴信中提及的中國人，氣質上時間上是相合的。我們沒有其他材料，能夠確認這個中國人就是徐志摩。故這一材料僅供參考。

註12：*Roger Fry, Vision and Design.* (London: Oxford University Press, 1981).

註13：梁錫華著《徐志摩新傳》，臺北聯經出版事業公司1982年第二版27頁。

註14：見徐志摩1929年11月17日致郭子雄的信。

註15：*Roger Fry, Transformations: Critical and Speculative Essays on Art.* (Chatto & Windus, 1927).

註16：在19世紀以前，歐洲人對中國藝術的瞭解，一般局限在明清彩瓷、彩飾壁紙布料、傢俱以及花園的範圍。從19世紀中葉開始，隨著八國聯軍入侵中國和對圓明園的掠奪，中亞考古探險的發現，以及帝國主義國家在中國發展工商業，導致中國大量藝術品進入拍賣市場。這些藝術品進而為歐美各大博物館以及私人收藏。到20世紀初，這些收藏已經極其豐富，上至殷商彩陶青銅器，下到晚清乃至民初，構成了完備的中國藝術體系。大英博物館的東方典籍和繪畫部于1913年成立，東方研究部1916年，就是為了因應這方面藏品的大量增加。弗賴對中國藝術的研究，是在這一背景下進行的。

註17：這些信的原件保存在加拿大麥馬士德大學羅素檔案館中。梁錫華先生編輯的《徐志摩英文書信集》（臺北聯經出版事業公司1991年版）收錄了這些信件。大陸出版的若干徐志摩書信集也收錄了這些信件。

註18：見《徐志摩全集‧補編》（散文集），上海書店1994年版440頁。

註19：載《徐志摩全集》散文甲乙，香港商務印書館1993年版。

註20：梁錫華先生曾於1979年之前在麥馬士德大學圖書館羅素檔案館發現了七封徐志摩致羅素的英文書信。但該圖書館於1980－1981年才從拍賣市場購入奧格頓檔案，因此，梁錫華先生沒有能夠見到徐志摩致奧格頓的這六封英文書信。這六封英文書信，經筆者翻譯、注釋，發表在《新文學史料》2005年4期上。

註21：加拿大麥馬士德大學圖書館保存的邪學社會員名單中沒有徐志摩的名字。

註22：即胡適的英文著作The Development of the Logical Method in Ancient China.（Shanghai: The Oriental Book Company, 1922）.

註23：Rertrand Russell, The Collected Papers of Rertrand Russell（V. 9）.（London: Unwin Hyman Ltd, 1988）. P. 446.

註24：徐志摩1923年5月10日給奧格頓的信（Charles Kay Ogden，1889-1957）。

註25：徐志摩1923年5月10日給奧格頓的信。

註26：梁啟超這部英文著作為：Liang Chi-Chao, History of Chinese Political Thought: During the Early Tsin Period.（London: Kegan Paul, Trench, Trubner & Co., Ltd, 1930）

徐志摩：載入劍橋史冊的人

當代華裔學者趙毅衡先生說徐志摩是「劍橋神話的創造者」。[註1] 這「神話」不僅指劍橋把徐志摩培養成一個著名的詩人，也因為徐志摩在此展現的非凡的交際能力，使他成為中英現代文化交流的重要使者，從而載入了劍橋史冊。

從徐志摩在劍橋的廣泛交遊可以發現，他是一位出色的文化交流使者。經由與劍橋──布盧姆斯伯里集團學者、作家的交往，他把英國知識界最新的潮流帶到中國，把英國知識精英的注意力吸引到中國；同時，徐志摩也給英國知識界見證了新文學在異國土壤中萌芽的過程，以及中國傳統文化在新一代作家身上的延伸和發展。最早論述徐志摩在這方面貢獻的英國學者是新批評理論家理查茲。理查茲寫於1932年的〈中國的文藝復興〉[註2] 一文中，論述了五四新文學特徵以及所受外國文學，尤其是英國文學的影響。理查茲認為，中國文藝復興一個極其重要的特

徵是中斷了與本國傳統的聯繫，轉而向西方學習。中國向西方學習過程中面臨的兩大困難：其一是古漢語無法發揮應有的翻譯媒介作用；其二是西方文學中的浪漫情感與中國傳統道德規範相齟齬。理查茲樂觀地指出，一些作家詩人已經成功克服了這些障礙，徐志摩就是一個典型的例子。徐志摩是理查茲在文中論述的一個重點，他追憶了與徐志摩在英國和中國的交往，還引述了徐志摩的一首詩。理查茲認為，由於徐志摩在中西文化交流過程中所發揮的重要作用，他的去世不僅對中國是一個損失，對世界也是一個損失。但理查茲並不氣餒，在文章結尾，他斷言中西文化交流的趨勢不可阻擋，「一個新的時代正在被這場東西方的聯姻所開創。」

　　徐志摩當年在劍橋的一位至交，漢學家魏雷在1940年曾寫過一篇文章〈欠中國的一筆債〉註3。他在文中深情回憶了徐志摩在劍橋的學習和交遊經歷，論述了他對戰後英國知識份子的影響。魏雷指出：「我們對中國的文學

魏雷

藝術所知已不少了，也略懂二者在古代的中國人中所起的作用。但我們卻不太清楚文學藝術這些東西在現代中國有教養的人士中的地位如何。我們從徐志摩身上所學到的，就是這方面的知識。」魏雷同時指出，徐志摩的影響是多重的，他豐富了中國人關於英國的知識；他是如此動情地描寫英國風景和建築的第一個中國人，他讓中國人知道，英國不單有人口密集的商業中心，也有拜倫潭、王家學院的教堂，以及康沃爾海岸。此外，徐志摩還翻譯了不少英國詩歌，把英詩格律介紹到中國。魏雷進而認為，徐志摩對英中文化關係走向「一個偉大的轉振點」做出了貢獻卻沒有受到重視，這是英國知識界「欠中國的一筆債務」。

當代美國學者派特里西亞・勞倫斯（Patricia Laurence）最近在她的著作《麗莉的中國眼睛——布盧姆斯伯里集團、現代主義與中國》（Lily Briscoe's Chinese Eyes: Bloomsbury, Modernism, and China）中，以相當篇幅論及徐志摩的劍橋經歷和在中英現代文學關係中的意義。雖然該書沒有在徐志摩部分提供任何新材料，而且錯謬之處不少，但她將徐志摩的貢獻提到一個新高度，這是值得肯定的。在她的描述中，徐志摩是布盧姆斯伯里集團三代人與中國詩人、作家、學者長達60多年交往的始作俑者。正是經由像徐志摩、凌叔華、蕭乾等中國作家的旅行和交際，英中現代主義文學實現了互動。

因為徐志摩的劍橋交遊，以及作為詩人的聲譽，他甚至在劍橋文學史上也留下了痕跡。格萊厄姆・切尼（Graham Chainey）的《劍橋文學史》（A Literary History of Cambridge）有一段文字論及徐志摩，被我挖掘了出來，茲引如下：

徐志摩手跡

硤石老宅一角

通過狄更生，中國詩人徐志摩（1896～1931）於1921－1922年進入王家學院學習，並被介紹給布盧姆斯伯里社交圈。與此同時，徐志摩對雪萊產生了興趣，開始相信靈魂不斷進取獵奇是人生的最高理想。於是他將這一理想立即付諸行動，與他的妻子離了婚（原先一直和妻子在沙士頓一處村舍中居住），創作了第一批詩歌作品，全身心地享受生活。後來他回憶說，只有1922年春天「我的生活是自然的，是真愉快的！」徐志摩後來成為最先創作中國「現代」詩歌的詩人之一。他的兩首名詩和一篇散文是寫劍橋的，在他筆下，有著座座橋樑、行行金柳的劍河是「全世界最秀麗的一條水」。他的詩文使劍橋城在中國人的情感中佔有獨特的位置。徐志摩還把他的中國帽送給了狄更生。註4

　　格萊厄姆·切尼的這段文字只擺了一些大家熟知的常識，而且還有材

料引用錯誤，如說徐志摩寫劍橋的詩
文的數量就不確。但這些都不重要。
重要的是，徐志摩進入了劍橋文學史，
他與華茲華斯、拜倫、羅塞蒂（Dante
Gabriel Rossetti，1828〜1882）、
阿諾德（Arnold，Matthew，1822〜
1888）、福斯特等劍橋文豪們並列。

最早的徐志摩墓

徐志摩墓今景

註1：趙毅衡著：《倫敦浪了起來》，人民文學出版社2002年版101頁。

註2：Ivor Armstrong Richards. "*The Chinese Renaissance*", Scrutiny, 1/2 (Sep. 1931).

註3：Arthur David Waley. "*Our Debt to China*", The Asiatic Review. Vol. 36(July 1940).

註4：*Graham Chainey, A Literature History of Cambridge*. (Cambridge University Press, 1985). P. 247

附錄一

徐志摩致奧格頓的六封英文書信與譯文

譯注者按：

　　徐志摩致奧格頓的這六封英文書信，原件現存於加拿大麥馬士德大學圖書館。臺灣學者梁錫華先生輯錄翻譯的《徐志摩英文書信集》出版於1979年，收入了徐志摩給泰戈爾、羅素、羅傑・弗賴、魏雷、恩厚之等學者的英文書信，為中國讀者瞭解徐志摩的海外交遊提供了重要的線索。但由於加拿大麥馬士德大學圖書館直到1980～1981年才購進奧格頓檔案，所以梁錫華先生沒有能夠見到徐志摩給奧格頓的這六封英文書信，使它們在麥馬士德大學圖書館靜靜地躺了二十四年。筆者2004～2005年在劍橋學習期間，有幸得到了這些信件，被這些英文書信所包含的大量重要資訊所激動，不揣冒昧將它們翻譯出來，再增加一些必要的注釋，以饗讀者。這些英文書信的譯稿最初發表在《新文學史料》2004年4期上，文後有更詳盡的注釋。我在這裡需要格外說明的是，在發現、

整理、翻譯這些書信的過程中，麥馬士德大學圖書館的奧格頓檔案專家戈雷博士（Kathleen Garay）給予了我許多無私的幫助，在此向她致以誠摯的謝意。

（一）

Prince's Cottage, Sawston

July 12, 1921

Dear Mr. Ogden:

Sorry I cannot come on Tuesday. I am afraid we shall be ourselves in London on Thursday. Perhaps it would be better to postpone our meeting till next week. Shall write you again.

Yrs sincerely

C. H. Hsu

★★★　★★★　★★★　★★★　★★★　★★★

奧格頓先生：

抱歉我星期二不能來。我恐怕我們幾個人星期四得去倫敦。或許把大家見面的時間推遲到下個星期最好。我會再寫信給您。

徐志摩敬上

1921年7月12日

莎士頓王子居

（二）

Prince's Cottage

Sawston, July 18，1921

Dear Mr. Ogden,

I am sorry my friend Mr. Chang has left England and he regretted not having met you. The other Mr. Chang, the advocate of 'professionalism' too, has gone to the Continent. But both of them will come back and perhaps we shall be able to arrange a meeting later on. It would be very kind of you to come out one day to see us here at Sawston. I wonder if this Saturday would suit you.

With best wishes

Yours sincerely

C. H. Hsu

P. S. I might come to Cambridge Saturday morning.

★ ★ ★　　★ ★ ★　　★ ★ ★　　★ ★ ★　　★ ★ ★　　★ ★ ★

奧格頓先生：

很抱歉我的朋友張先生已經離開英國。沒有能夠見到您，他深感遺憾。另外一位張先生──也就是倡導「職業精神」的那個人──也去了歐洲大陸。但是他們都還會回來。或許我們以後可以安排一個時間會面。如果您能夠撥冗抽一天時間到莎士頓來與大家相見甚好。未知此星期六是否適合您？

謹祝安好

徐志摩敬上

1921年7月18日

莎士頓王子居

另：我可能星期六早上回劍橋。

7 Shi-Huh Hutung, Sung-Po Library, Peking (West)
Excellent voyage, but heat's getting more and more intolerable. You shall hear from me. Can you send me copy of Roger Fry's Vision and Design (to Yeh Zah Chekiang, China)?

Best wishes to you and remember me to your Trio brotherhood

Yours ever
Tsemon Hsu

★★★　　★★★　　★★★　　★★★　　★★★　　★★★

旅行極佳，但酷熱越來越難當。你會收到我的信。能否給我郵寄一本羅傑·弗賴的《視覺與構圖》？請寄至中國浙江硤石。

祝你一切如意！也代我向你們三人幫致意！

你的摯友　徐志摩

（四）

> Sung-Po Library,
> 7 Shih-Hu Hu-tung, Peking,
> May 10, 1923.

Dear Mr. Ogden:

Well, well! You cant imagine a more disastrous correspondent, can you? And a more disappointing friend? What, a letter half a year overdue. But then, that's just precisely the Chinese way. We are a nation of superb iders. Havent you heard of a friendly game of Wei-chi lasting just a little over forteen days, and acknowledgments of letters received couple of years ago? Dont you see, to be punctual and so forth has never been in our habit. Besides, we can never see the necessity of making hastes of one thing or the other. So you may blame me for being a Chinese, but allowing my nationality, you cant blame me for being lazy, can you?

Now, let's come to business. There are three things requiring answer. First, as to Mr. Liang's book on Chinese thought. Its entirely my fault. The book has not only been prepared but also published (in Chinese) two months ago already. It doesnt bear exactly the same title as you suggested, its called History of Political Thought in China: but it amounts to the same thing as a history of general thought. Mr. Liang was exceedingly happy to know your design and suggestion, and wanted me to do the translation which I promised. But so far I have only done the introductory chapter and the book is of overwhelming quantity, no less than 350 pages in its English rendering I think. I might do a good deal in the summer if I can make up my mind for it. In any case, I personally consider th book a worthy contribution from the East and shouldnt mind spending months over the translation myself. I am ending a copy to your shop, and when it reaches you might show it to Giles or Waley or both for opinion. Tell me what they say about it.

II. the book supply business. The former readers circle has disappeared and all the books it possessed are now property of the Library where I have my lodgings, namely, the above address. The Library is to be established in memory of the Hero of our Third Revolution and is named after him. It looks a promising undertaking and, if things go well, we can have something like £500 to buy books every year. I shall see Mr. Liang to send you some money for further supplies; meantime you may send us books you think we ought to have. I expect to read your new book on Meaning especially.

III. I published your letter in two leading daily and I have met quite a few scholars who professed their interest in the subject but I am at a loss to discover anything of cogency and likely to meet your point. I think I sent you a little book on Logic by Mr.Hu-Su about Xmas time, but in case it miscarry I am sending another copy of the same. You might find something in it.

So much for business. You are doing very well with your publishing undertakings. I do envy your energy. Remember me to Richards and Wood. By the way, why dont you wretched bachelors try to perform some matrimonial experiments one way or the other? The Chinese are ever contemptuous of male singles and cant bear to think of an old maid. I am going to write a long letter to Frank about myself I shall ask him to let you read it if you are not to busy to listen to my insubstantial chats.

徐志摩

★★★　★★★　★★★　★★★　★★★　★★★

奧格頓兄：

　　罷了！罷了！恐怕你跟誰通信都沒有比跟我更慘了，對不對？還會有哪個朋友比我更令人失望呢？一封信拖延了半年才回覆！但中國人的方式的確就是這樣。我們是一個超級懶散的民族，難道你沒聽說過嗎？有一種平和友善的比賽叫圍棋，它能一連下上十四天還多，還有一封信二三年以後才回覆說收到了這樣的事。難道你不明白嗎？守時之類的事情從來不是我們的習慣。此外，我們從來不覺得有趕著做事情的必要。這樣，你可以責備我是一個中國人，假如你接受了我是個中國人這個事實，那麼，你就不能怪我自己懶惰了，是不是？

　　現在我們談正事。有三件事亟盼答覆：第一，關於梁先生論中國思想的書。這完全是我的錯。這本書（中文本）不僅已經寫就，而且兩個月前已經出版。書名沒有完全遵照你的建議，[註1] 而是叫《中國政治思想史》。但這和思想通史大致是一碼事。梁先生非常高興知道你有這樣的計畫和建議，他想要我把它翻譯成英文，我也答應了。但到目前為止，我只翻譯了導言。書的篇幅極長，翻譯成英文，我想起碼有350頁。如果我下決心幹，估計一夏天可以幹出不少活。不管怎樣，我個人認為這是東方極有價值的著作，我不會在意花幾個月時間翻譯它。我給你的鋪子寄去一本，你收到後，可以拿給瞿理斯或韋利，或給他們倆一人一份，聽聽他們的意見。請回信告訴我他們怎麼說。

　　第二是供書問題。以前的讀書會已經銷聲匿跡了，它的全部圖書現在成了我借宿的這座圖書館[註2]的財產，地址見此信。圖書館的創建是為了紀念中國第三次共和革命中的一個英雄，並以他的名字命名。現在看來似乎前途似錦，如果諸事順利，每年有

大約500鎊用來買書。我要去面見梁先生，呈請他再寄一些錢給你，以便你再為我們添購一些圖書。同時，你也可以給我們送一些你認為我們需要的書。我尤其期待著讀到你的新著《意義的意義》。^{註3}

第三，我在兩份大報上發表了你給我的信。我遇到不少學者表示對這一問題有興趣，但未能發現他們的意見有任何中肯之處，也達不到你的標準。我想我在耶誕節前後曾經給你寄過一本胡適先生論邏輯的小書。^{註4}如果它郵丟了，我可以另給你寄一本。你可以從此書中看到一些重要的東西。

正事就談到這裏。你的出版事業做得真棒！我嫉妒你的能量。帶我向理查茲和伍德問好。順帶提一句：你們這些臭光棍漢們幹嗎不找個老婆試試呢？中國人始終瞧不起光棍，想到讓一個女的終生不嫁就受不了。我要給弗蘭克寫一封長信談談我自己的情況。如果你不太忙，願意聽我閒扯，我會叫他讓你也讀讀那封信。

徐志摩上
1923年5月10日
北京石虎胡同松坡圖書館

（五）

7 Shi-Huh Hutung, Sung-Po Library, Peking (West City)

15 Nov. 1923

Dear Ogden,

At last the Celestial makes reply!

Business.

(1) Four packets of books (two to Mr. Tsang and two to myself) received. Direct later sendings to Sung-Po Library, 7 Shi-huh Hutung, instead of Mr. Tsang's old address which is no longer of use.

(2) About a month ago I sent you from Shanghai a cable gram asking you to secure Rivers' books about 50 pound. Not for the library. Send the books to this address if they are not yet sent to Mr. Caisun Chang, 37 Moulmin Road, Shanghai. Mr. Chang whom you met in Cambridge is now founding a College in the neighborhood of Shanghai, and he needs books on politics, sociology and philosophy.

(3) Dr Hu-shih is coming to Peking in a few days. I have little doubt that he will be glad to have his book printed in England. I will write again after seeing him.

(4) As to Mr. Liang's book, I am dreadfully ashamed to you on the one hand and Mr. Liang himself on the other. I am not unwilling to undertake the translation but this means three months undivided attention, which I can't well afford. Meanwhile I am contemplating another trip to Europe now that Siberia is restored to order. I shall write again soon.

Wishes to all my friends

Tsemon Hsu

奧格頓兄：

　　我這個天朝人士終於給你答覆了。

　　談正事。

　　第一，四包書（兩包給蔣先生，兩包給我）收訖。以後請直接寄往石虎胡同松坡圖書館，不要再寄蔣先生的老地址，那個地址現在已經不用了。

　　第二，大約在一個月以前，我從上海給你發了一封電報，要求你用50鎊搞定瑞沃斯註5的書。不是給圖書館。如果這些書還沒有郵寄給上海茂名路37號張采勳先生的話，就請改寄到上述地址。你在劍橋見過的那位張先生現在正在上海附近興建一所學院，他需要政治、社會學和哲學等方面的圖書。

　　第三，胡適博士幾天內就會來北京。我可以有把握地說，他會很高興把自己的書在英國出版。我見到他後再寫信給你。

至於梁先生的書，我真是慚愧極了，一方面對不起你，另一方面也對不起梁先生。我不是不願意承擔這一翻譯工作，但這意味著要花三個月時間全身心投入，而我擠不出這麼多時間。同時，西伯利亞的秩序已經恢復，我現在正計畫再一次去歐洲旅行。我不久還會給你寫信。

謹祝朋友們安好

徐志摩

1923年11月15日

北京石虎胡同7號松坡圖書館

（六）

Feb. 11, 1924

Dear Ogden:

O! I am such a horrid slug! No excuse, no ingenuity, nothing of polite mendacity can ever camouflage my extreme laziness at correspondence, I should be surprised if my friends in England do not curse me for that. In fact I seldom do letters of any kind. I have outgrown, for instance, the romantic period of my boyhood which spends a good portion of its energy and time in producing sentimental epistles. Neither do I share the genius of a hausfrau to take delight in the small incidents of daily existence, fond of chatting like young birds and eager to communicate to the others their own extreme tedium. The truth is, my career in China has been jejune of interest to anybody, least of all to myself. I travel a bit, write a bit, talk (on platform and otherwise) a bit, mourn a bit (my old granny died last summer), sigh a bit, and the rest is perfect blank. The Cupid's Arrow has refused me, perhaps once for all, visitations, and that accounts for the paralysis of my mental and spiritual faculties. The current events as well as the society itself are a positive bore to me, neither I fancy, do they see any attraction in me. The result is solitude on my part. I am now staying in a kind of villa in the suburb of my own town, sighing with wafts of wind in the neighbouring forest, which by the way is my grand orchestra, and listening and talking to birds which are found here in great multitudes, especially the noisiest kind. The folk here call me half insane, or by way of irony, poet. This, of course, further stirs my secret vanity and encourages, in fact, my eccentricity. I am growing more and more uncouth in manner, more and more cynical in spirit, more and more quaint in expression -- almost ghostly. Indeed, looking at the windows in any side here, you see nothing so conspicuous as the abodes of the dead---mounds, graves, exposed coffins, cemeteries, ancestor halls, monuments, tablets and what not. And this very building is said to be haunted. Then no wonder I am waxing almost ghostly.

You are already bored, I know. Things either poetic or ghostly oughtn't be addressed to men of the world, and you are evidently a man of the world smitten as it were with the modern disease Facts-mania, who prefers substantial reality to dreams empty and hollow. I don't blame, I admire. I wish I myself had something of that, so that I might stand more favoured and less enigmatic in my parents' and others' eye. But I have little hope, being as I am a sincere worshiper of your ethereal Bard of the skylark. Well!

Mr Hu is delighted that you intend to print his book in England. He will send his revised MSS (manuscripts) soon, I believe. Probably he has replied to your letter himself.

The Indian poet Tagore is coming to China in April and I am expected to be with him during his short stay here, which will necessitate my giving up the bliss of solitude and launching into the busy things once more. I suspect Tagore has not earned great favour in Cambridge, but probably you won't be so harsh as to call him humbug or wretched and horrid---such epithets being so current amidst your intelligentsia. He is incredibly popular with our youngsters, the chief explanation being that his poems are the only poems written in English which they could read with what they themselves regard perfect intelligence. His visit will therefore prove a great dramatic episode, exceeding by far his predecessors in popularity and enthusiasm accorded to them. The memory of Russell still lingers, the influence of Dewey is all but too perfect, Dreisch alone was a very dark horse, although his being the countryman of the paper works did not on that account cost us any the less. Tagore will have no salary. We simply furnish his traveling fare. Wallas and Roger Fry have disappointed us with their declining, explicitly or implicitly, our cordial invitation. Who else in England could you think of as being suitable to be exported to China for a short time after Tagore, who will not stay longer than 3 months?

Goldie and Arthur Waley woke me not long ago. Ramsey has been silent for some time, Sebastian scribbled once or twice, the rest is silence. I do yearn for Cambridge tidings. The very shape and scent of an English envelope thrills me, not to say the handwriting. Why Richards and Forbes never write, and Wood and Braithwaite? Then of course I never write to them myself, but do remember me to all of them and let them know that they will not find me destitute of gratitude if they ever deign to donate charities to me.

And lastly, important business! What about the 50 pound Rivers books that Mr. Chang wanted? His school address is 88 Avenue Road, Shanghai. I include you his complete address in Chinese so as to avoid miscarriage. Write me at once.

Tsemon Hsu

Remember me to Russells and tell me about them.

★ ★ ★　　★ ★ ★　　★ ★ ★　　★ ★ ★　　★ ★ ★　　★ ★ ★

奧格頓兄：

　　哦，我真是一個懶傢伙。我再找什麼藉口，再耍什麼花槍，再說客套的謊話也不能掩飾我極端的懶惰：我這麼晚才回信給你。我甚至疑心我的英國朋友會不會因此罵我。事實上，最近我難得寫任何信。比如說，我已經不再有少年時代的那種羅曼蒂克，來花很多時間和精力來抒寫那種感傷的書信。我也沒有主婦們那種天生的智慧，為每天生活中一點小小的意外感到驚喜，熱衷於像小鳥一樣嘰嘰喳喳，渴望與其他人交流她們極其無聊的話題。事實是，我在中國的工作和生活是枯燥乏味的，別人不感興趣，我自己尤其不感興趣。我偶爾出去旅行，有時也寫點東西，在臺上台下講講話，有時哀悼一下（我的老祖母去年夏天過世了），歎歎氣，除此之外就是徹底的茫然。丘比特的箭或許永遠地拒絕了我的光臨，這是我思想麻木、精神空虛的原因。不僅社會本身，就是當前的時局也完全讓我厭煩；我相信，他們在我身上也看不到任何吸引人的地方，結果我就是孑然一身。我現住在老家城郊的一棟房子裏，附近有一片樹林，風從林中刮過，傳來陣陣呼嘯聲，應和著我的嘆惜，在我就像一曲莊嚴的交響樂。這裏的鳥多極了，而且非常鬧，我經常聽它們的聲音，對它們說話。鎮上的人把我叫半仙，或譏諷我是詩人。我本來內心就有一種虛榮，他們的譏諷，反而助長了我的怪僻。我的態度正變得越來越粗魯，精神也越來越憤世嫉俗，腔調也越來越古怪，——簡直像幽靈一樣叫人捉摸不定。真的，從兩邊的窗子向外看，再沒有什麼比眼前這番景象更像亡靈居所——到處都是墳岡，碑銘，敞開的棺木，墓地，祖宗靈堂，牌位，匾額——那樣扎眼了。據說就是這棟房子裏鬧鬼。毫不奇怪，我也變得和鬼差不多了。

　　我知道，你已經聽膩味了。詩人的玩意兒，或者毋寧說是鬼的玩意兒，不應該對世事練達的人講。你顯然是那種世事練達

的人，彷彿得了現代人的通病——「事實狂」，更喜歡真實的現實，不喜歡空洞縹渺的夢。我沒有責備的意思，我是滿心佩服。我希望我自己能像你那樣，這樣，在父母和其他人眼裏，我就會得到更多疼愛，而不會被認為莫名其妙。但我是不可救藥了，你是空中高飛鳴唱的雲雀，我是你的真誠崇拜者。哇！

胡適博士很高興你打算在英國出版他的書。我相信他不久就會給你寄去他改定的稿子。或許他已經寫信給你了。

印度詩人泰戈爾四月要來中國。他短暫的訪問期間，我估計會陪同他。我需要放棄自己獨處的極樂，再一次投身到繁忙的事務中去。我猜泰戈爾在劍橋沒有贏得多大的欣賞，但你們不至於太苛刻，叫他騙子或小人或討厭鬼——這種名號在你們這些知識份子口中非常時髦。他備受中國年輕人的愛戴，簡直不可思議，其中的主要原因是，在所有用英語寫成的詩歌中，唯有他的詩歌具有他們稱為「完美的智慧」的東西。因此，他對中國的訪問將證明是激動人心的，他會比以前到中國講學的人更受歡迎，人們會以更大的熱情迎接他。對羅素的回憶尚未遠去，杜威的影響極其完美。而杜里舒註6 自己簡直就是一匹黑馬，儘管他是一個鄉下人，有一些文字作品，但是我們也一樣十分喜愛他。泰戈爾拒絕拿報酬，我們只是提供旅行的費用。華勒斯註7 和弗賴雖然語氣含蓄，但意思很明確地謝絕了我們的熱情邀請，令我們深感失望。在泰戈爾之後，你覺得英國還有什麼人物值得我們邀請到中國來，作一個不超過三個月的短期講學嗎？

狄老註8 和亞瑟·韋利不久前讓我振奮了一下子。蘭姆瑟有一段時間沒有消息了。瑟伯斯坦有一兩次胡亂寫了幾筆，其他人則音訊全無。我真的很想聽到劍橋的消息。只要是英國信封的款式和味道就能讓我激動，更不必說大家的字跡了。為什麼理查茲和福布斯從未有片言隻語？還有伍德和布瑞斯維特？當然，我自

己也從未給他們寫信，但請代我向所有這些朋友問好，讓他們知道，如果他們肯經常屈尊施愛與我，他們會發現我不是毫無感激之情的。

　　最後，重要的事情。張先生想買的50鎊瑞沃斯的書怎麼樣了？他學校的地址是上海林蔭路88號。我給你寫出他中文的完整地址，以免郵錯了地方。請即刻給我回信。

徐志摩上

1924年2月11日

北京西城石虎胡同7號松坡圖書館

另：請代我向羅素伉儷致意，並告訴我他們的近況。

註1： 奧格頓建議的書名是《中國思想的發展》。

註2： 即梁啟超為紀念蔡鍔而創立的松坡圖書館，館址設在北京石虎胡同7號。徐志摩受聘擔任松坡圖書館第二館的幹事。第二館專藏外文書籍，徐志摩負責外文書籍的採購以及英文函件的處理。

註3： 此處指奧格頓與理查茲的新著《意義的意義》：*The Meaning of Meaning.* London: Kegan Paul, Trench, Trubner & Co., Ltd, 1923.

註4： 即胡適的英文著作*The Development of the Logical Method in Ancient China.* Shanghai: The Oriental Book Company, 1922.

註5： 瑞沃斯（William Halse Rivers，1864～1922），心理學家和人類學家。1893年，在劍橋教授心理學，1902年擔任劍橋大學聖約翰學院的研究員，1907年擔任劍橋大學新建立的生理學和試驗心理學講席，是大學新成立的心理學實驗室主任。他還擔任過皇家人類學研究所所長，是英國皇家學院會員。著有《親族關係與社會組織》、《衝突與夢》、《心理學與政治》等。瑞沃斯是跨文化心理學試驗的開拓者之一，也是英國試驗心理學和社會人類學的重要開拓者。

註6： 漢斯·杜里舒（Hans Dreisch，1867～1941），德國生物學家、哲學家、試驗胚胎學的創始人之一。有《科學與生物哲學》、《生機論哲學》、《心理學的危機》等著作。杜里舒1922年10月應講學社邀請，到中國講學，其演講稿《杜里舒講演錄》由商務印書館出版。

註7： 華勒斯（Graham Wallas，1858～1932）是英國政治學家和教育家，憲章運動理論家，蕭伯納的朋友，費邊社領導人之一。著有《政治中的人類本質》、《偉大社會》、《我們的社會遺產》、《思想的藝術》等。他還是英國公共管理學院的創始人（1920），倫敦大學政治學第一任教授。

註8： 即高爾斯華綏·路易·狄更生（Goldsworthy Lowes Dickinson，1862～1932），「狄老」是朋友對他的尊稱。

徐志摩致奧格頓的

六封英文書信原件

（一）

Sawston,
July 12, 1921

Dear Mr Ogden:

Sorry you cannot come on Tuesday. I am afraid we shall be ourselves in London on Thursday. Perhaps it would be better to postpone our meeting till next week. Shall write you again.

Yrs sincerely,
C. H. Hsu

徐志摩 與劍橋大學

C. H. Hsu

Princes Cottage
Sawston, July 18
1921

Dear Mr Ogden:

I am sorry my friend Mr. Chang has left England & he regretted not having met you. The other Mr. Chang, the advocate of "Professionalism", too, has gone to the Continent. But both of them will come back & perhaps we shall be able to arrange a meeting later on. It would be very kind of you to come out one day to see us here at Sawston. I wonder if this Saturday would suit you.

With best wishes,
Yours sincerely,
C. H. Hsu

P.S. I might come to Cambridge Saturday morning.

（三）

請參照附錄一，頁145、146。

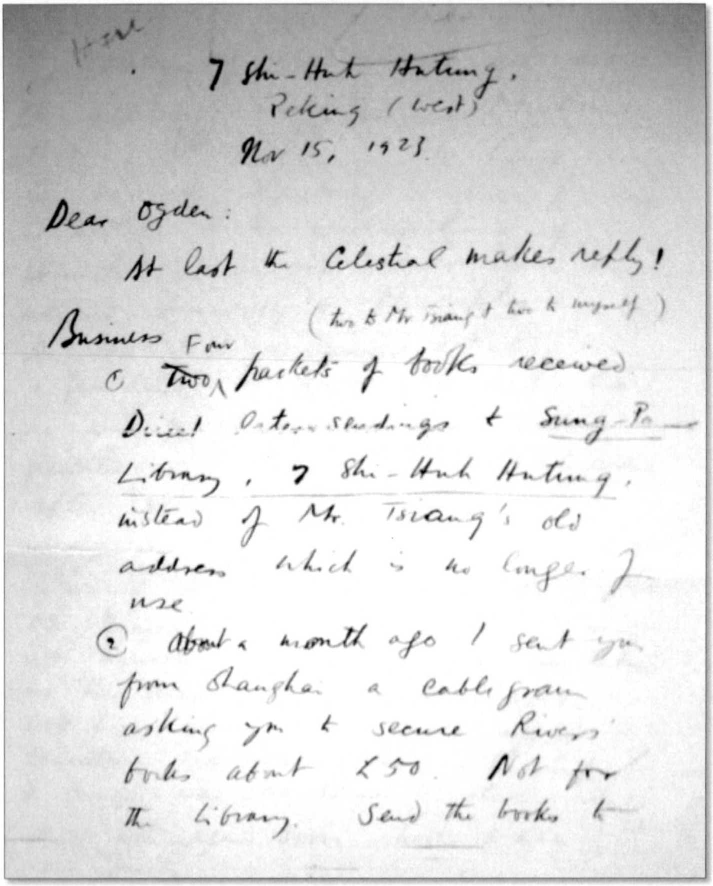

this address if they are not yet sent—
Mr. Carsun Chang, 37 Moulmein
Road, Shanghai. Mr Chang whom
you met in Cambridge is now founding
a college in the neighbourhood of
Shanghai, and he needs books on
politics, sociology & philosophy.
Dr Hu-Shih is coming to Peking in
a few days. I have little doubt that
he will be glad to have his book
printed in England. I will write again
after seeing him.
As to Mr Liangs book, I am dreadfully
ashamed to you on the one hand &
Mr Liang himself on the other. I am
not unwilling to undertake the translation
but this means three months undivided
attention, which I cant well afford
Meantime I am contemplating another trip
to Europe now that Siberia is restored to order.
I shall write again soon. Wishes to all
my friends.
                    Tsemou Hsu

徐志摩 與 劍橋大學

7 Shih-Huh Hutung
Sung-Po Library
Peking (West City)
Feb 11, 1924

Dear Ogden:

O I am such a horrid slug!
No excuse, no ingenuity, nothing of
polite mendacity can ever camouflage
my extreme laziness at correspondence.
I should be surprised if my friends
in England do not curse me for that.
In fact I seldom do letters of any
kind. I have outgrown, for instance,
the romantic period of boyhood
which spends a good portion of its
energy & time in producing senti-
mental epistles. Neither do I share
its genius of Hans frau to take
delight in the small incidents of
daily existence, fond of chattering like
young birds and eager to communicate
to the others their own extreme tedium.

21

The truth is, my career in China has been *ejeune* of interest to anybody, least of all to myself. I travel a bit, work a bit, talk (on platform & otherwise) a bit, mourn a bit (my old granny died last summer), sigh a bit, & the rest is perfect blank. The Cupid's arrow has refused me, perhaps once for all. visitations & that account for the paralysis of my mental & spiritual faculties. The current events as well as the society itself are & positive bore to me, neither, I fancy, do they see any attraction in me. the result is solitude on my part. I am now staying in a kind of villa in the suburb of my own town, sighing with wafts of wind in the neighbouring forest, which by the way is my grand orchestra, and listening & talking to birds which abound are found here in great multitudes, especially the noisiest kind. The folk here call me half insane, or by way of irony, poet. This, of course, further stirs my secret vanity & encourages, in fact, my turn of eccentricity. I am growing more & more uncouth in manner, more & more cynical in spirit, more & more quaint in expression — almost ghostly. Indeed, looking at the windows on any side here, you see nothing so conspicuous as the abodes of the dead — mounds, graves, exposed coffins, cemeteries, ancestral halls, monuments, tablets & what not. And this very building is said to be haunted. Then no wonder I am waxing almost ghostly.

You are already bored, I know. Things either poetic or ghostly oughtn't be addressed to men of the world, and you are eminently

a man of the world smitten as it were
with the modern disease Facts-mania,
who prefers substantial reality to
dreams empty & hollow. I don't
blame, I admire. I wish I myself
had something of that, so that I might
stand more favored & less enigmatic
in my parents' & others' eye. But
I have little hope, being as I am
a sincere worshipper of your ethereal
Bard of the Skylark. Well,

Mr Hsu is delighted that
you intend to print his book in England,
He will send his revised Mss soon
I believe. Probably he has replied
to your letter himself.

The Indian Poet Tagore is coming
to China in April & I am expected to
be with him during his short stay here,
which will necessitate my giving up
the bliss of solitude & launching into
the busy throng once more. I suspect
Tagore has not <u>earned</u> great favour in

Cambridge, but probably you wont be so harsh as to call him humbug or wretched & horrid — such epithets being so current amidst your intelligentzia. He is incredibly popular with our youngsters, the chief explanation being that his poems are the only poems written in English which they could read with what they themselves regard perfect intelligence. His visit will therefore prove a great dramatic episode, exceeding by far his predecessors in popularity & enthusiasm accorded to them. The memory of Russell still lingers. The influence of Dewey is all but too patent. Driesch alone was a very dark horse. although his being the countryman of the papermarks did not on that account cost us any the less. Tagore will have no salary. We simply furnish his travelling fare. Watters & Roger Fry have disapp....

us with them declining, explicitly or
implicitly, our cordial invitation. Who
else indeed you think of as being suitable
to be exported to China for a short
term after Tagore, which will not stay
longer than 3 months?

Goldie & Arthur Waley wrote me
not long ago. Ramsey has been silent
for some time, Sebastian scribbled once
or twice, the rest is silence. I do
yearn for Cambridge tidings. The very
shape & scent of an English envelope
thrills me, not to say the hand writing.
Why Richards & Forbes never write,
& Wood & Braithwaite? then of course
I never write to them myself, but do
remember me to all of them & tell
them that they will not find me
destitute of gratitude, if they ever
deign to donate charities to me.

And lastly important business!
What about the 250 Rivers books that
Mr Chang wanted? His school address
is 88 Avenue Road, Shanghai. I include

國家圖書館出版品預行編目

徐志摩與劍橋大學 / 劉洪濤著. -- 一版. --
臺北市 : 秀威資訊科技, 2007[民96]
面；公分. --（世紀映像；史地傳記；PC0010）

ISBN 978-986-6909-38-2（平裝）

1. 徐志摩 – 傳記

782.884   96001672

 史地傳記　PC0010

徐志摩與劍橋大學

作　　者 / 劉洪濤
主　　編 / 蔡登山
發 行 人 / 宋政坤
執行編輯 / 周沛妤
圖文排版 / 莊芯媚
封面設計 / 莊芯媚
數位轉譯 / 徐真玉、沈裕閔
圖書銷售 / 林怡君
網路服務 / 徐國晉
出版印製 / 秀威資訊科技股份有限公司
　　　　　台北市內湖區瑞光路583巷25號1樓
　　　　　電話：02-2657-9211　傳真：02-2657-9106
　　　　　E-mail：service@showwe.com.tw
經 銷 商 / 紅螞蟻圖書有限公司
　　　　　台北市內湖區舊宗路二段121巷28、32號4樓
　　　　　電話：02-2795-3656　傳真：02-2795-4100
　　　　　http://www.e-redant.com

2007 年 2 月　BOD 一版
定價：280元

讀 者 回 函 卡

感謝您購買本書，為提升服務品質，煩請填寫以下問卷，收到您的寶貴意見後，我們會仔細收藏記錄並回贈紀念品，謝謝！

1. 您購買的書名：_____

2. 您從何得知本書的消息？

　　□網路書店　　□部落格　　□資料庫搜尋　　□書訊　　□電子報　　□書店

　　□平面媒體　　□ 朋友推薦　　□網站推薦　□其他_____

3. 您對本書的評價：(請填代號　1.非常滿意 2.滿意 3.尚可 4.再改進)

　　封面設計____　　版面編排____　　內容____　　文/譯筆____　　價格____

4. 讀完書後您覺得：

　　□很有收獲　　□有收獲　　□收獲不多　　□沒收獲

5. 您會推薦本書給朋友嗎？

　　□會　　□不會，為什麼？_____

6. 其他寶貴的意見：_____

　　_____

　　_____

　　_____

讀者基本資料

姓名：_____　　年齡：_____　　性別：□女 □男

聯絡電話：_____　　E-mail：_____

地址：_____

學歷：□高中(含)以下　　□高中　　□專科學校　　□大學

　　　□研究所(含)以上 □其他_____

職業：□製造業 □金融業 □資訊業 □軍警 □傳播業 □自由業

　　　□服務業 □公務員 □教職　　□學生 □其他_____

(請沿線對摺寄回,謝謝!)

秀威與 BOD

BOD（Books On Demand）是數位出版的大趨勢，秀威資訊率先運用 POD 數位印刷設備來生產書籍，並提供作者全程數位出版服務，致使書籍產銷零庫存，知識傳承不絕版，目前已開闢以下書系：

一、BOD 學術著作—專業論述的閱讀延伸
二、BOD 個人著作—分享生命的心路歷程
三、BOD 旅遊著作—個人深度旅遊文學創作
四、BOD 大陸學者—大陸專業學者學術出版
五、POD 獨家經銷—數位產製的代發行書籍

BOD 秀威網路書店：www.showwe.com.tw
政府出版品網路書店：www.govbooks.com.tw

永不絕版的故事・自己寫・永不休止的音符・自己唱